保育で使える！伴奏付けもできる！

こどものうた伴奏大全集

編著 長谷川久美子・串恵津子

◎本書の特徴◎

本書にはいろいろなパターンで伴奏が出来るように、全曲コードと伴奏のパターンを付けました。いろいろな伴奏をすることで、聴こえる音楽が様変わりし、こどもたちの反応も変わってきます。是非チャレンジしてみてください。

●コード

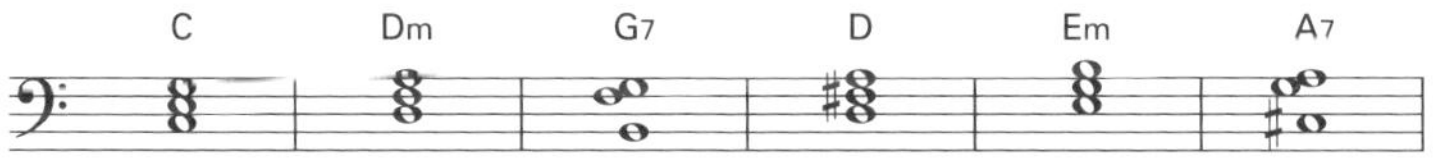

コードネームを見ながら伴奏をするとき、すべて基本形で弾くことはありません。音が飛ばないように転回形で弾くことが必要です。その際、どう転回したらいいかというコード転回の例を載せました。

●伴奏パターン

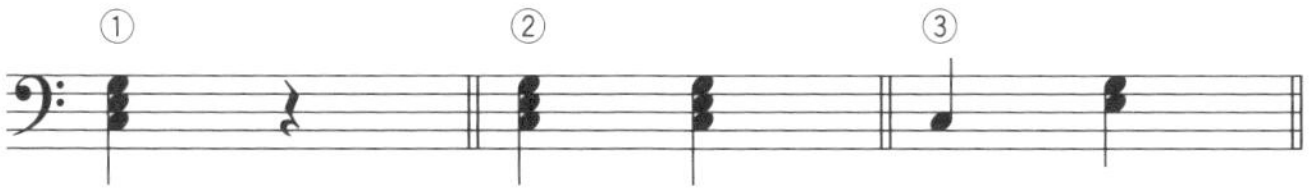

コードがわかったら、次はどのような伴奏パターンで弾くかを考えます。ここでは、各曲2～3パターンを用意しました。ご自身が気に入られたパターンで弾いてみてください。

保育で使える! 伴奏付けもできる!

こどものうた伴奏大全集

編著 長谷川久美子・串恵津子

崖の上のポニョ

作詞：近藤勝也／補作詞：宮崎駿／作曲：久石譲

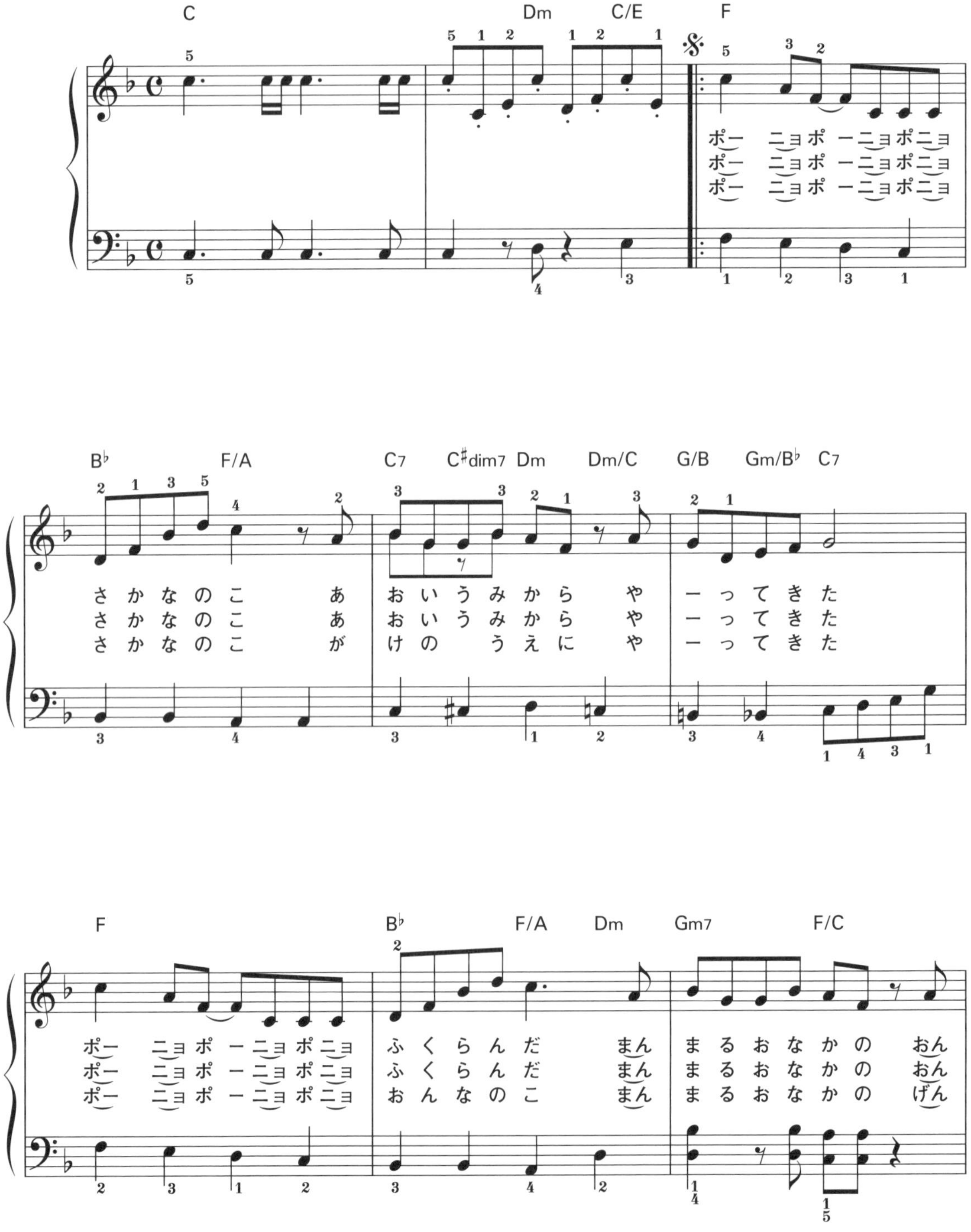
C Dm C/E F
ポーニョポーニョポニョ
ポーニョポーニョポニョ
ポーニョポーニョポニョ
B♭ F/A C7 C♯dim7 Dm Dm/C G/B Gm/B♭ C7
さかなのこ あおいうみから やーってきた
さかなのこ あおいうみから やーってきた
さかなのこ がけのうえに やーってきた
F B♭ F/A Dm Gm7 F/C
ポーニョポーニョポニョ ふくらんだ まんまるおなかの おん
ポーニョポーニョポニョ ふくらんだ まんまるおなかの おん
ポーニョポーニョポニョ おんなのこ まんまるおなかの げん

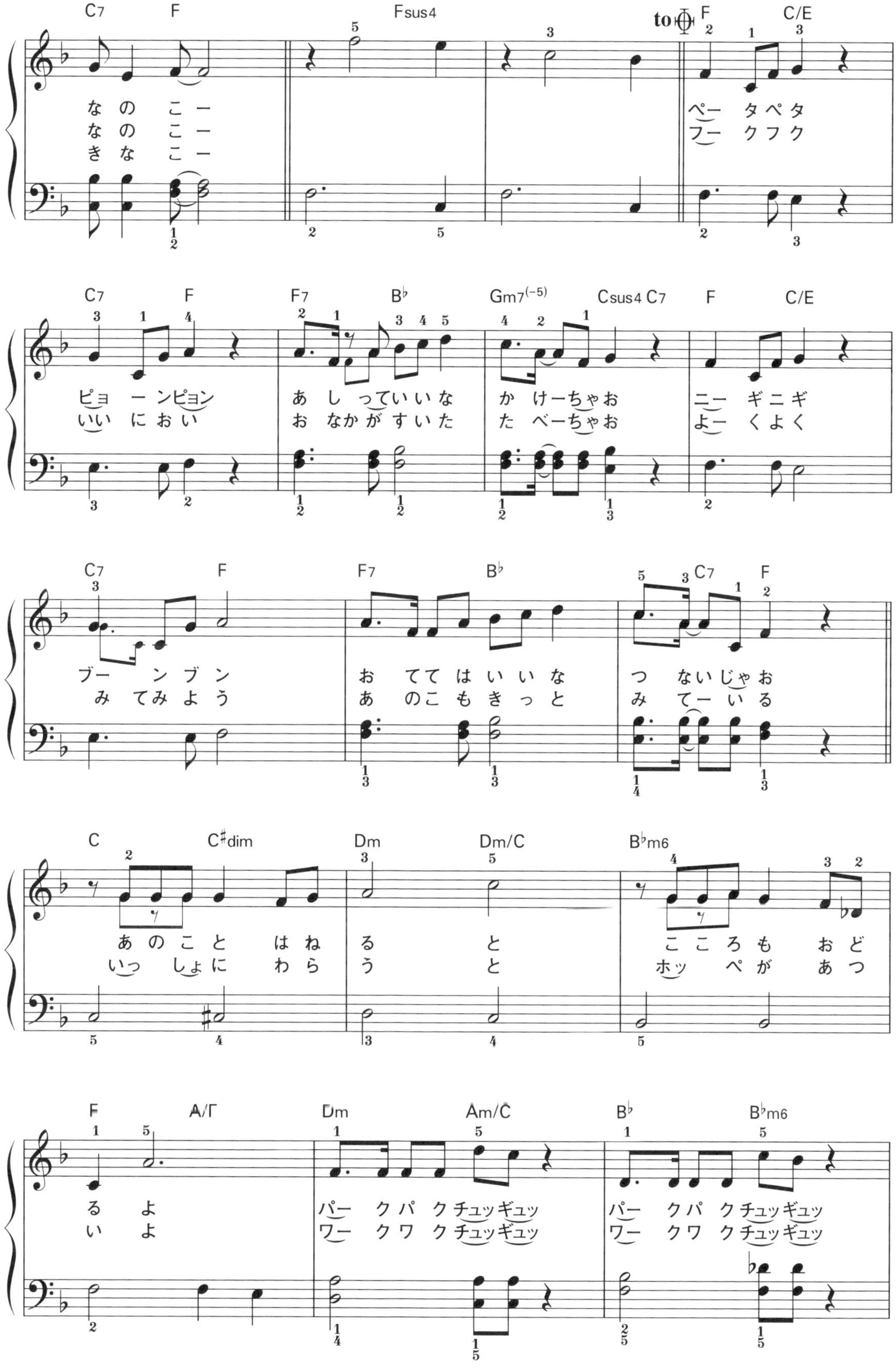
C7 F Fsus4 to F C/E
なのこー
なのこー
きなこー
ペータペタ
フークフク
C7 F F7 B♭ Gm7(−5) Csus4 C7 F C/E
ピョーンピョン あしっていいな かけーちゃお ニーギニギ
いいにおい おなかがすいた たべーちゃお よーくよく
C7 F F7 B♭ C7 F
ブーンブン おててはいいな つないじゃお
みてみよう あのこもきっと みてーいる
C C♯dim Dm Dm/C B♭m6
あのことはねると こころもおど
いっしょにわらうと ホッペがあつ
F A/F Dm Am/C B♭ B♭m6
るよ パークパクチュッギュッ パークパクチュッギュッ
いよ ワークワクチュッギュッ ワークワクチュッギュッ

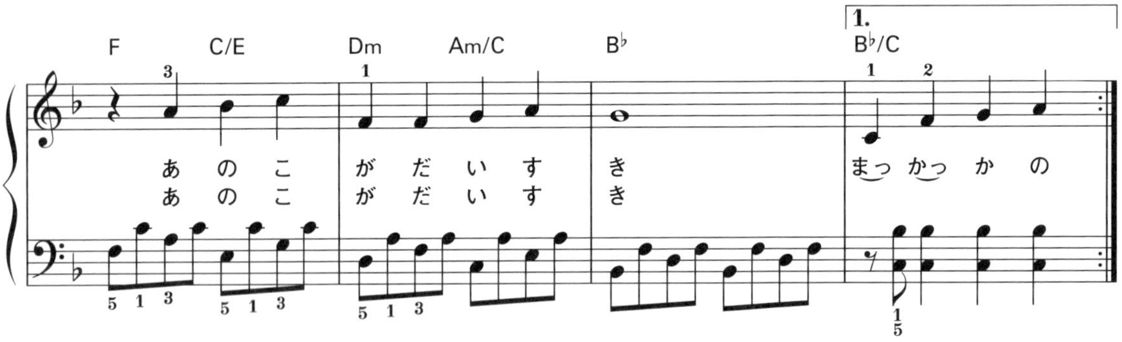

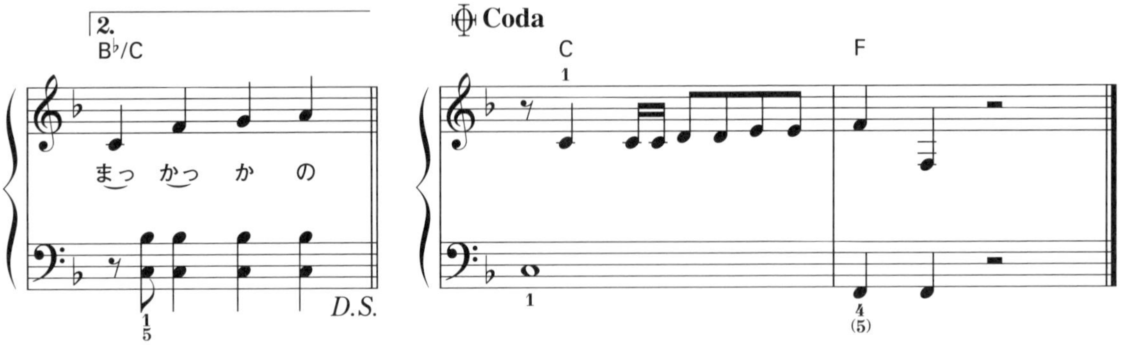

❗ 歌詞に合わせてメロディを弾くと、1コーラスと2コーラスが弾きやすいでしょう。
Aメロはベースラインを左手に当てました。伴奏パターンを参考にしてコードで弾いても良いでしょう。

● コード

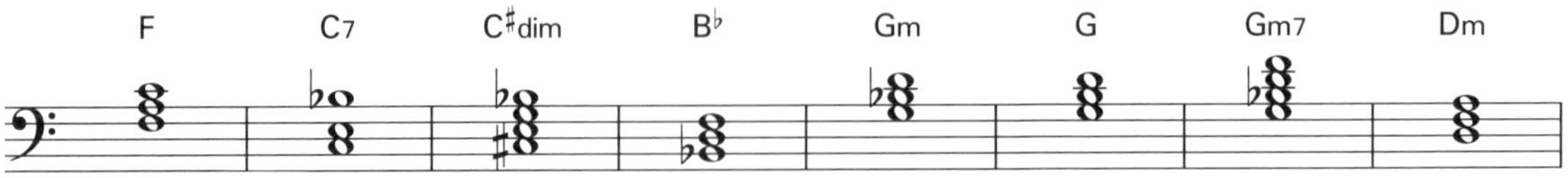

● 伴奏パターン

夢をかなえてドラえもん

作詞／作曲：黒須克彦

♩=123
F Fsus4 Fsus4/C F Fsus4 C B♭ F/A C/G
F Gm
こころのなか い ーつもいつも え がいてるー （えがいてる）
C7 F Gm7/C C
ゆめをのせた じ ーぶんだけの せ かいちずー （タケコプター）
F Gm Gm7
そらをとんで と ーきをこえて と おいくにーで も ー ドーア

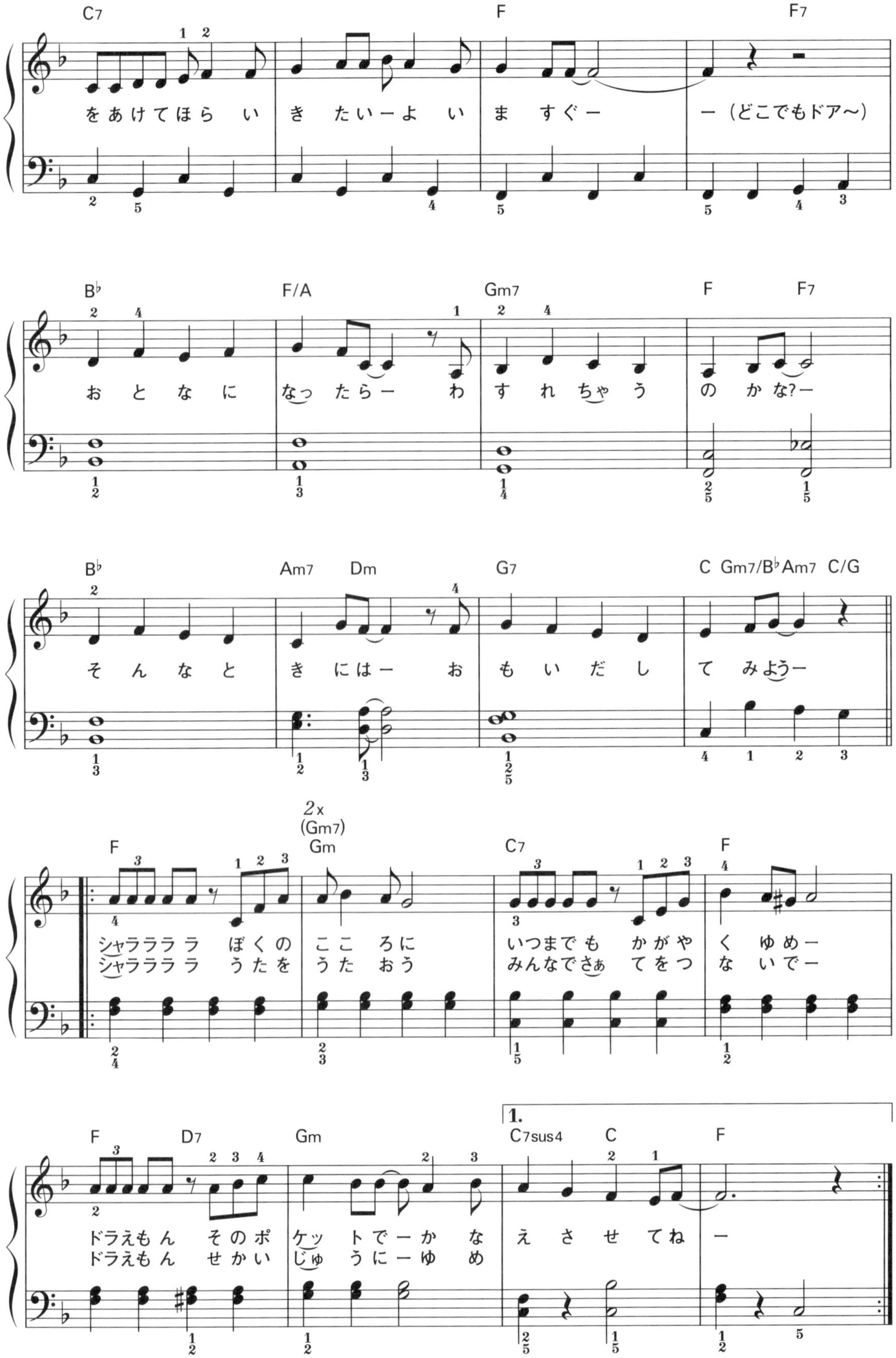
C7 F F7
をあけてほらい きたいーよい ますぐー ー（どこでもドア〜）
B♭ F/A Gm7 F F7
おとなに なったらーわ すれちゃう のかな?ー
B♭ Am7 Dm G7 C Gm7/B♭ Am7 C/G
そんなと きにはーお もいだし てみようー
2x (Gm7)
F Gm C7 F
シャラララ ラ ぼくの ここ ろに いつまでも かがや く ゆめー
シャラララ ラ うたを うた おう みんなでさぁ てをつ な いでー
1.
F D7 Gm C7sus4 C F
ドラえもん そのポ ケッ トでーか な え さ せ てね ー
ドラえもん せかい じゅ うにーゆ め

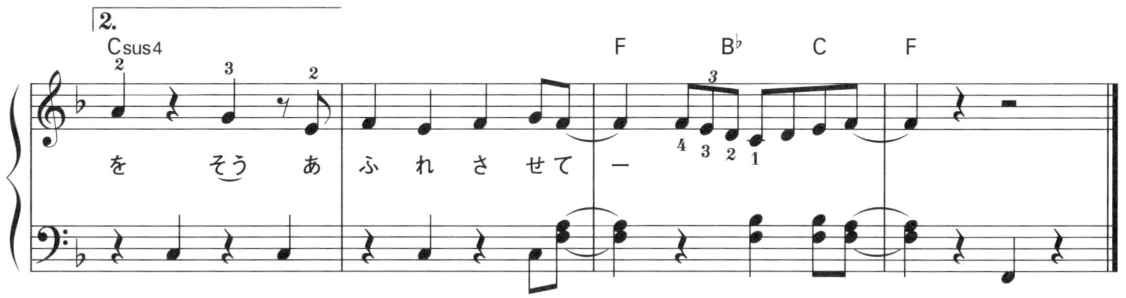

※編集の都合上、2番以降は掲載しておりません。

❗ この曲はAメロの左手をベースラインの動きを重視してアレンジしました。コードの方が弾きやすい方はコードと伴奏パターンを参考にして弾いてください。
【えがいてるー】のセリフの音は1小節前と同じ音なので、弾かれる方は同じ音で弾いてください。また、【タケコプター】【どこでもドア】は音程はありません。

● コード

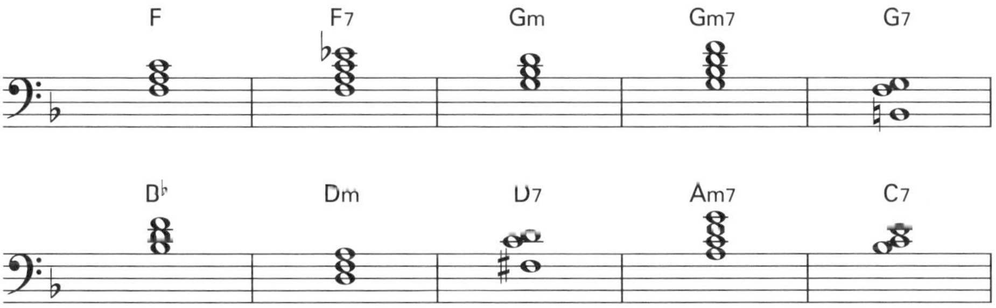

● 伴奏パターン

おしりかじり虫

作詞／作曲：うるまでるび

A
カバとカバとで
かばいあい
B♭
おしりかじりむ
し
B♭
おしりかじりむ
し
ちぢんだおしりを
かじりむし
B♭
「かじられちゃって
超いい感じ」
B
おしりかじりむ
し
B
おしりかじりむ
し
つめたいおしりと
かたいおしりと
B
へこんだおしりと
しなびたおしり
きょだいなおしりを
かじりむし

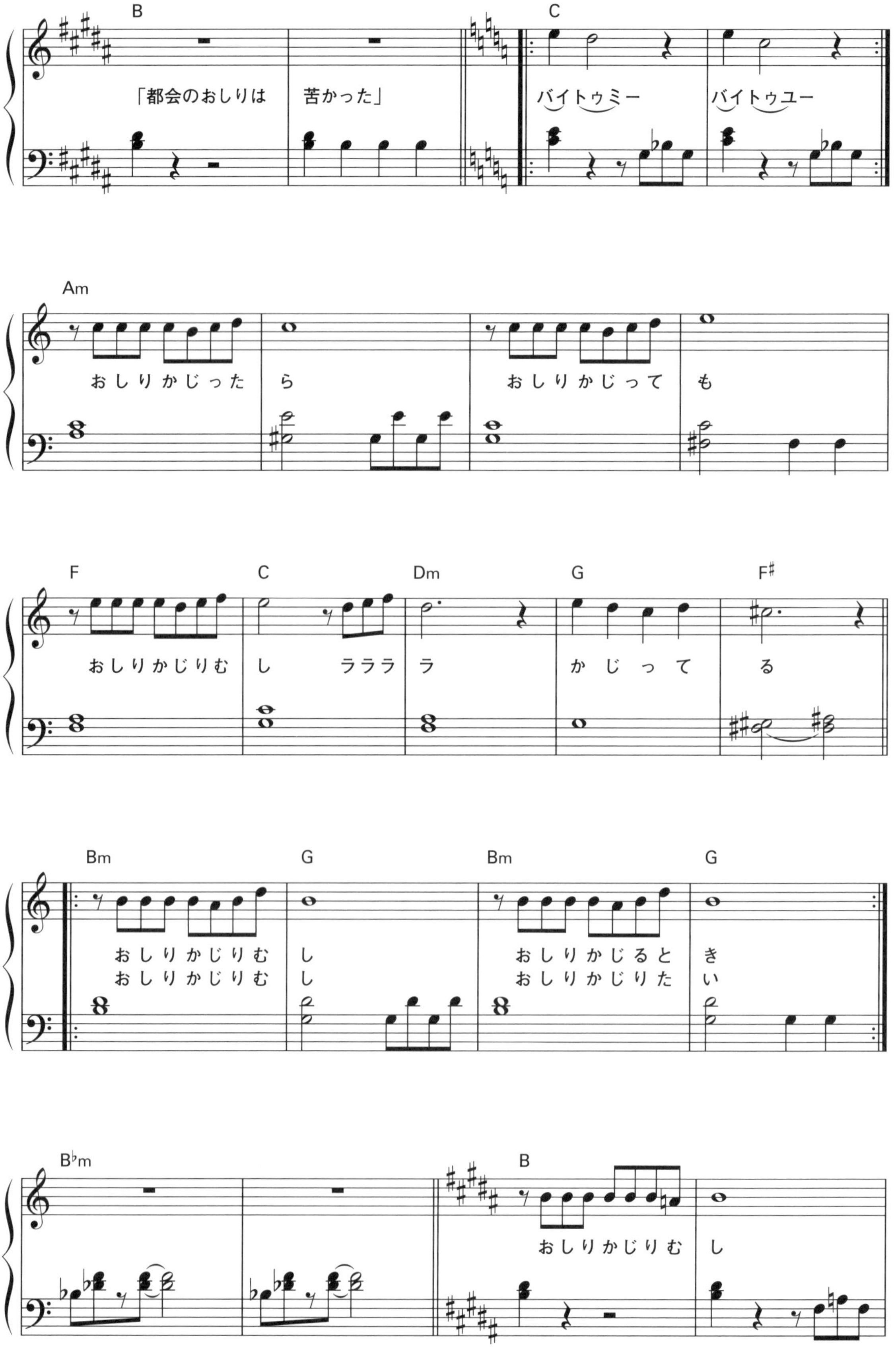
B
「都会のおしりは 苦かった」
C
バイトゥミー
バイトゥユー
Am
おしりかじったら
おしりかじっても
F C Dm G F♯
おしりかじりむし ラララ ラ かじってる
Bm G Bm G
おしりかじりむし おしりかじるとき
おしりかじりむし おしりかじりたい
B♭m B
おしりかじりむし

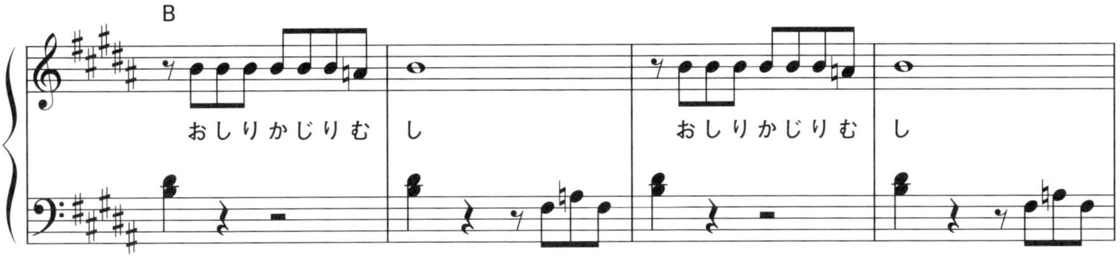

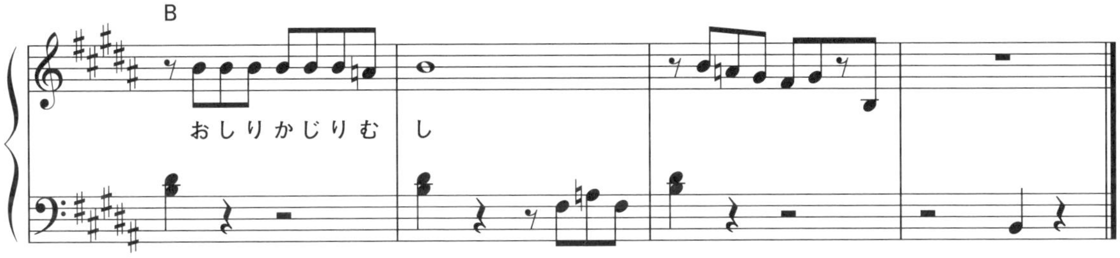

❗ A、B♭、Bのコードの所は、いろいろな伴奏パターンを組み合わせて弾くとおもしろいです。

●コード

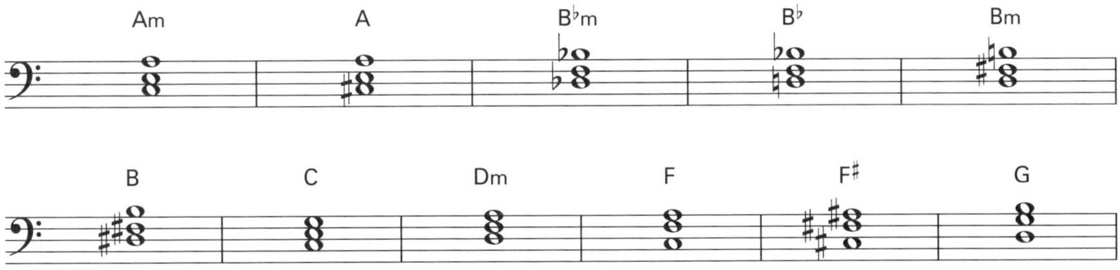

●伴奏パターン

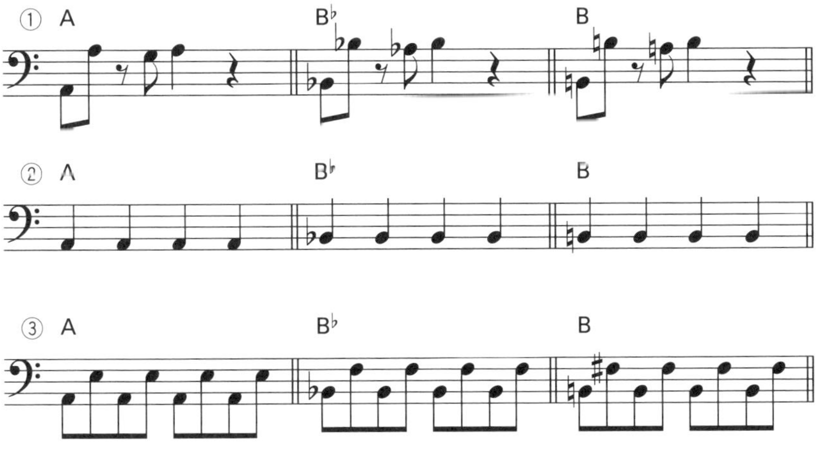

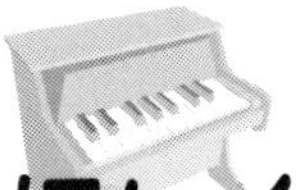

さよならぼくたちのほいくえん（ようちえん）

作詞：新沢としひこ／作曲：島筒英夫

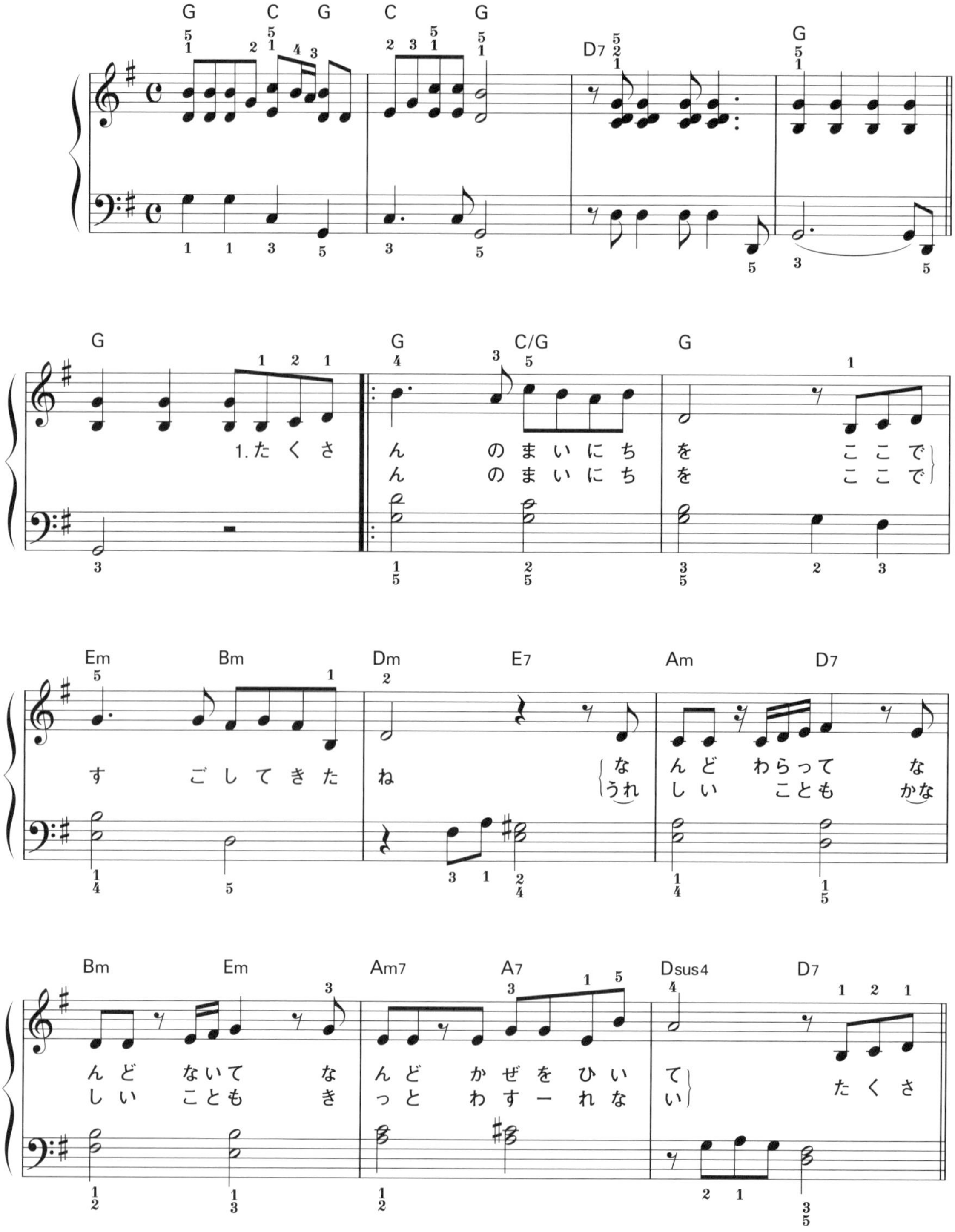

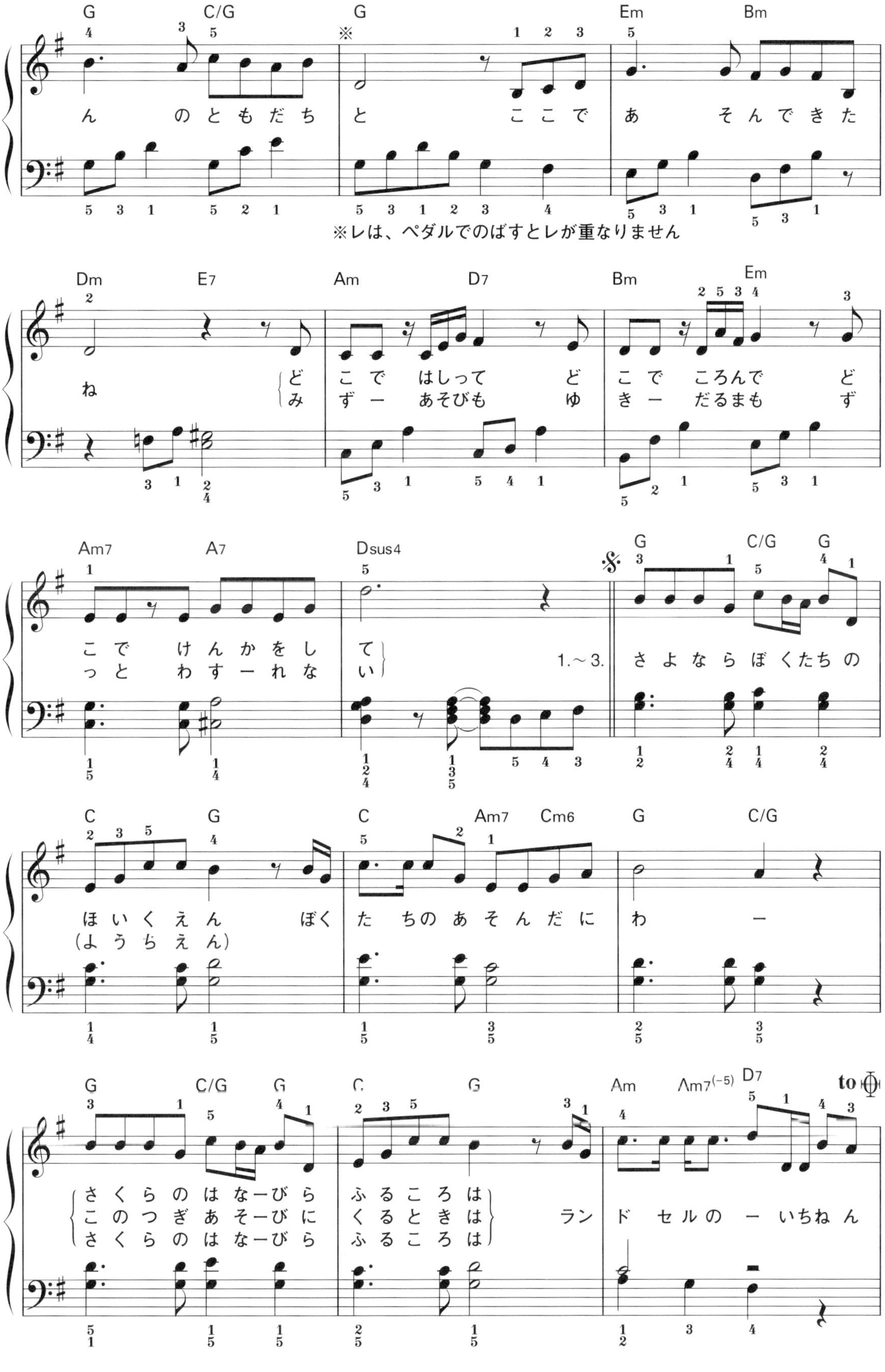
G C/G G Em Bm
ん のともだち と ここで あ そんできた
※レは、ペダルでのばすとレが重なりません
Dm E7 Am D7 Bm Em
ね ど こで はしって ど こで ころんで ど
み ずー あそびも ゆ きー だるまも ず
Am7 A7 Dsus4 G C/G G
こで けんかをし て
っと わすーれな い
1.～3.
さよならぼくたちの
C G C Am7 Cm6 G C/G
ほいくえん ぼく たちのあそんだに わ ー
(ようちえん)
G C/G G C G Am Am7(−5) D7 to
さくらのはなーびら ふるころは
このつぎあそーびに くるときは ラン ドセルのーいちねん
さくらのはなーびら ふるころは

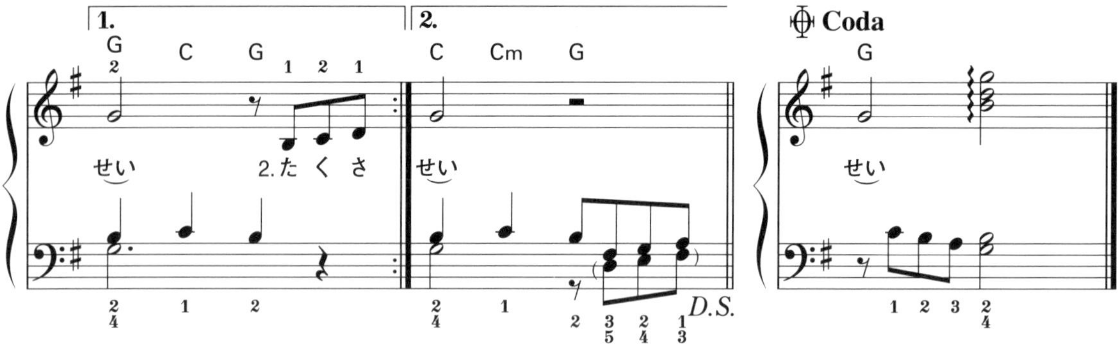

❶ イントロのメロディが難しい時は、音の数を減らして単音にしてください。
2コーラス目の8小節を伴奏パターン2にすると、動きが出て良いです。

● コード

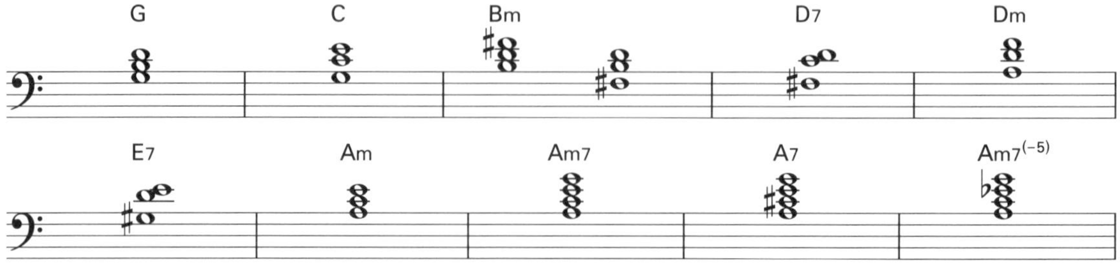

● 伴奏パターン

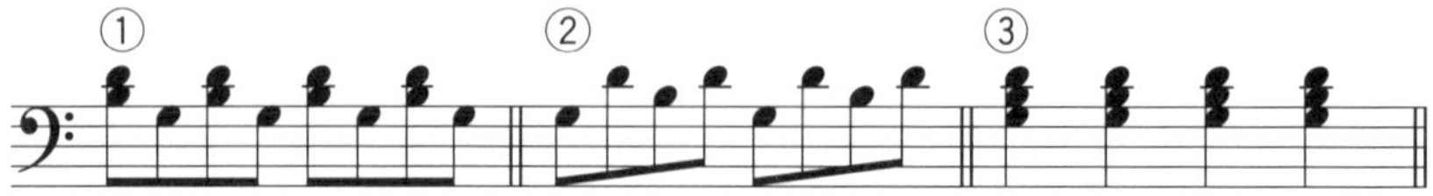

世界中のこどもたち が

作詞：新沢としひこ／作曲：中川ひろたか

1.せ か い
G
じゅう の こ ど も た ち が い ち ど に わ らっ た
じゅう の こ ど も た ち が い ち ど に な ーい た
Am7
ら そ ら も わ ら う だ ろ う ラ ラ ラ
ら そ ら も な ー く だ ろ う ラ ラ ラ
D
C
D7
1.
2.
う み も わ ら う だ ろう 2.せ か い
う み も な く だ ろ う ひ ろ げ

B7 Em A7
ようぼくらの ゆめをとどけ ようぼくらの
D B7 Em
こえをさかせ ようぼくらの はなをせかい
A7 D G
ににじをかけ よう せかい じゅうのこどもた
G Am
ちがいちどに うたったら そらも
Am D C D7
うたうだ ろう ラララ うみもうた うだ
to

は、1拍の中に音が3つ均等に入るように弾きましょう。
また のリズムに注意してメロディを弾きましょう。

● コード

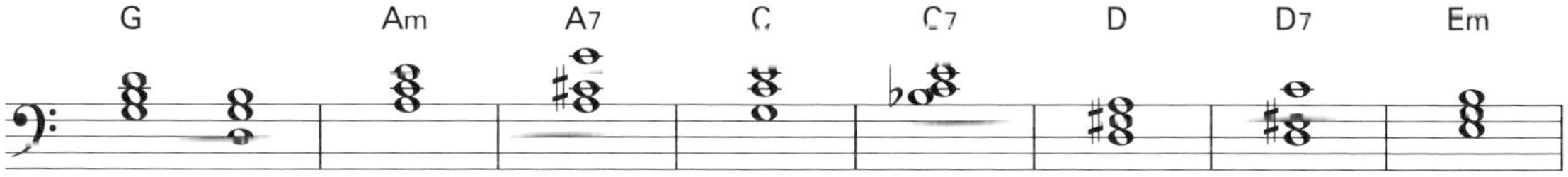

● 伴奏パターン

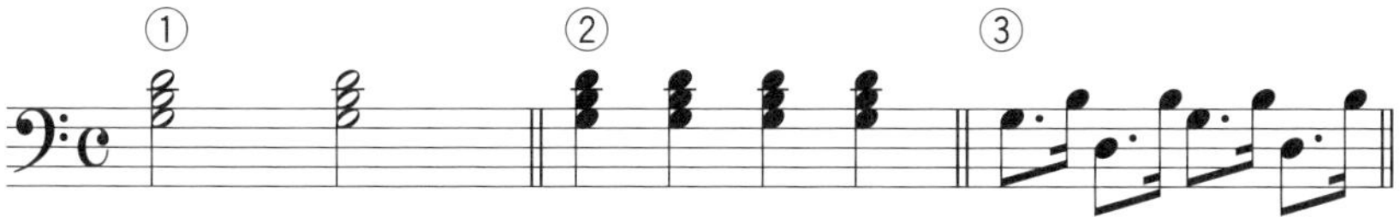

にんげんっていいな

作詞：山口あかり／作曲：小林亜星

G C/G G Em
1.くまのこみていた かくれんぼ おしりをだしたこ
2.もぐらがみていた うんどうかい びりっこげんきだ
A7 D7 G C Cm G/D D7
いっとうしょう ゆうやけこやけで またあした またあし
いっとうしょう
G B7/F♯ Em Bm7 Cmaj7
た いいな いいな にんげんって
Bm7 Em Cmaj7 G
いいな おいしいおやつに ほかほかごはん
みんなでなかよく ポチャポチャおふろ

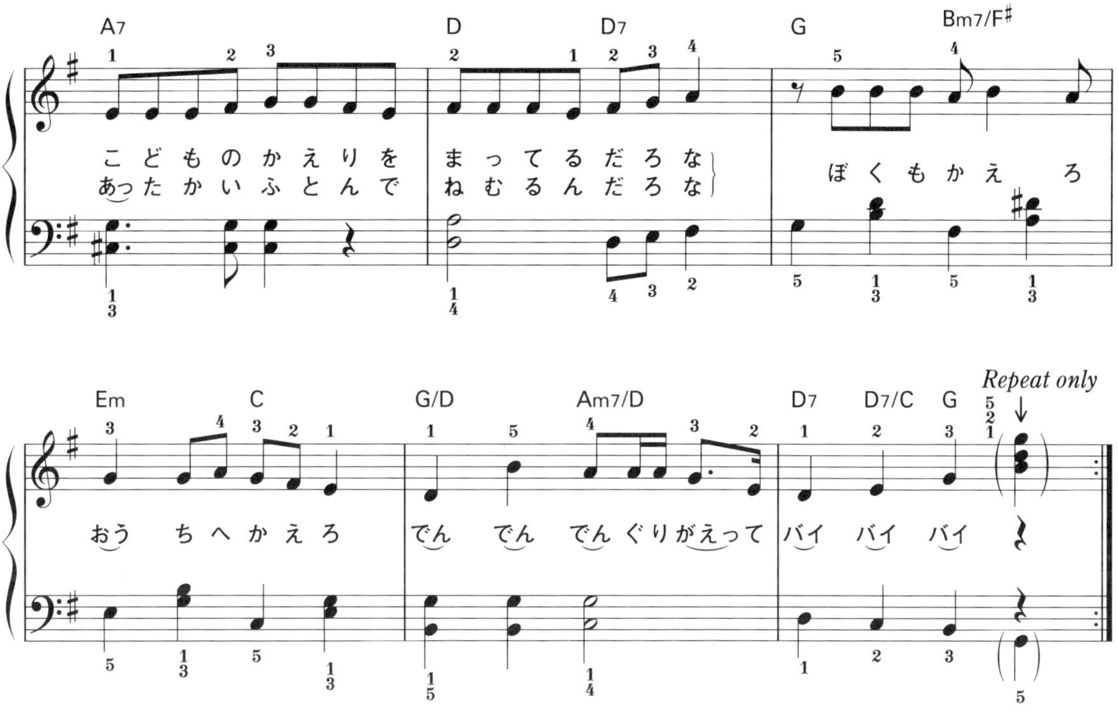
A7 D D7 G Bm7/F♯
こどものかえりを まってるだろな
あったかいふとんで ねむるんだろな
ぼくもかえろ
Em C G/D Am7/D D7 D7/C G
Repeat only
おうちへかえろ
でんでんでんぐりがえって
バイバイバイ

❗ 伴奏パターンを当てはめて、オリジナルの弾き方にしてみると、より楽しいでしょう。

● コード

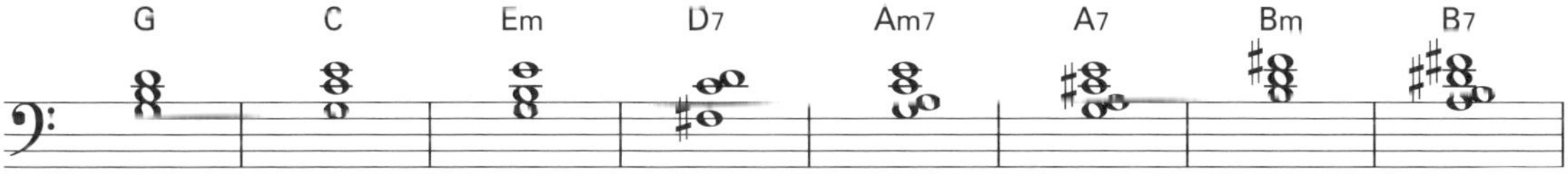
G
C
Em
D7
Am7
A7
Bm
B7

● 伴奏パターン

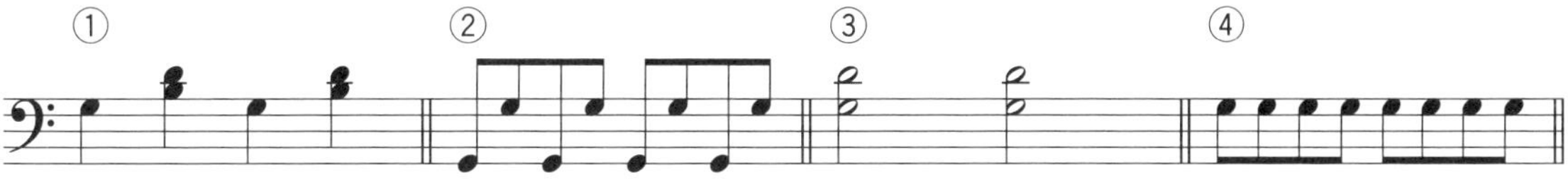
①
②
③
④

ビリーブ

作詞／作曲：杉本竜一

♩= 92～100
F B♭ F B♭maj7 C7
最初の4小節は、オルゴール風に…
F C B♭ F B♭ C7 F
mf
F C/E Dm Am B♭ F Gm7 C7
1.たとえばきみが きずついて くじけそうに なったときは
2.もしもだれかがき みのそばで なきだしそうに なったときは
F C/E Dm B♭ F B♭ C7 F C/E
かならずぼくが そばにいて さ さ えてあげるよ そのかたを
だまってうでを とりながら いっしょにあるいて くれるよね

Dm Gm C7 F
せかいじゅうのきぼうのせて
せかいじゅうのやさしさーで
D7 Gm B♭ C
このちきゅうはまわってるい
このちきゅうをつつみたいい
R
F C Dm F B♭
(𝄋)まーみらいのーとびらをーあけるとき
まーすなおなーきもちにーなれるなら
to Φ
F B♭ Gm C7
かなしみーやくるしみーがい
あこがれーやいとしさーがお
F C Dm Dm7/C B♭
つのひかーよろこびにーかわるだろうー
おぞらにーはじけてひかるだろうー

❗ イントロなど右手の重音が難しい時は、音を減らして弾きましょう。
左手が難しい時はコードと伴奏パターンを参考にして弾くと良いでしょう。

● コード

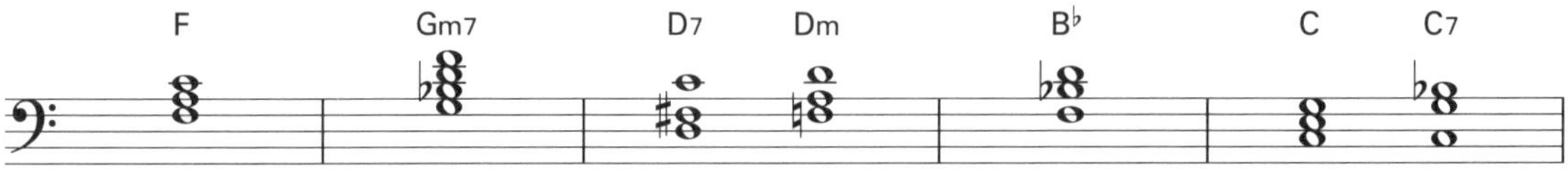

● 伴奏パターン

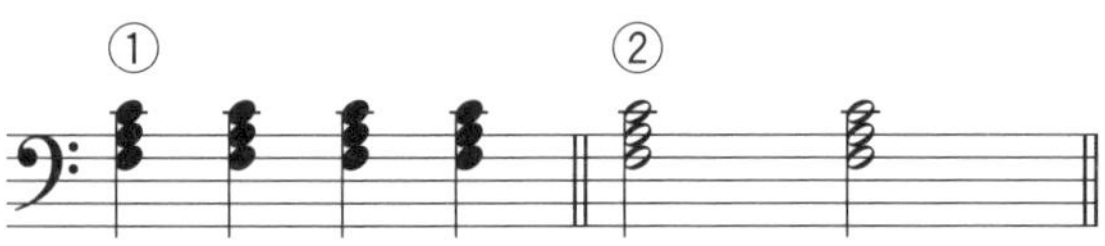

虫歯建設株式会社

作詞：田中みほ／作曲：小杉保夫

G7
G7
1. どどどどがががが
2. ぎぎぎぎぐぐぐぐ
どどどどがががが
ぎぎぎぎぐぐぐぐ
G7
C
G7
C
ドリルとシャベルでほりおこせー
おおきなペンチでひっこぬけー
C
おっとこっちにゃ
チョコレーート
ハンバーーグ
F
なんとそっちにゃ
ビスケッーート
えびピーラフ

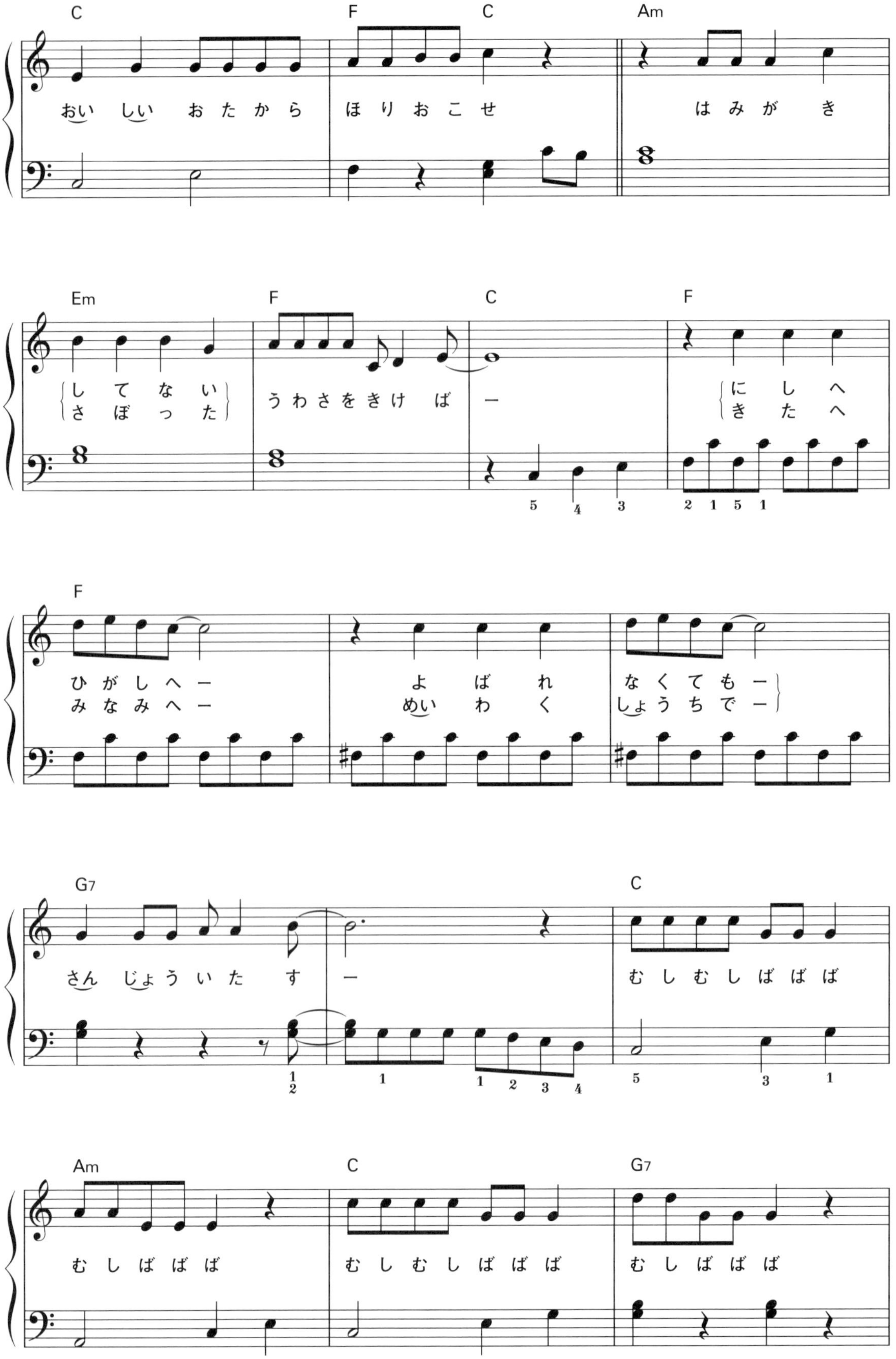
C
F
C
Am
おいしい おたから
ほりおこせ
はみがき
Em
F
C
F
してない
さぼった
うわさをきけば
ー
にしへ
きたへ
F
ひがしへー
みなみへー
よばれ
めいわく
なくてもー
しょうちでー
G7
C
さんじょういたす
ー
むしむしばばば
Am
C
G7
むしばばば
むしむしばばば
むしばばば

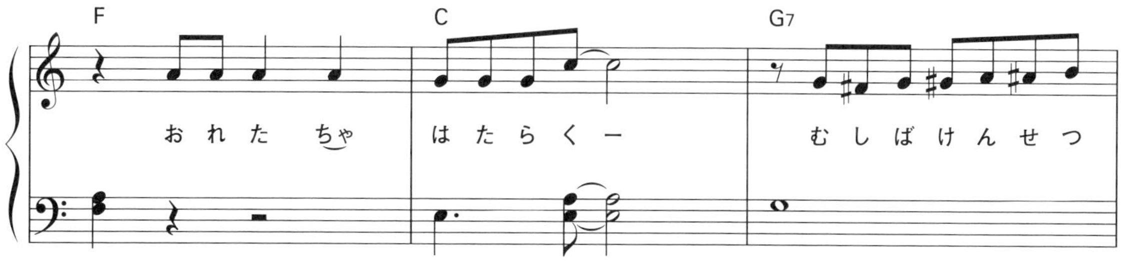

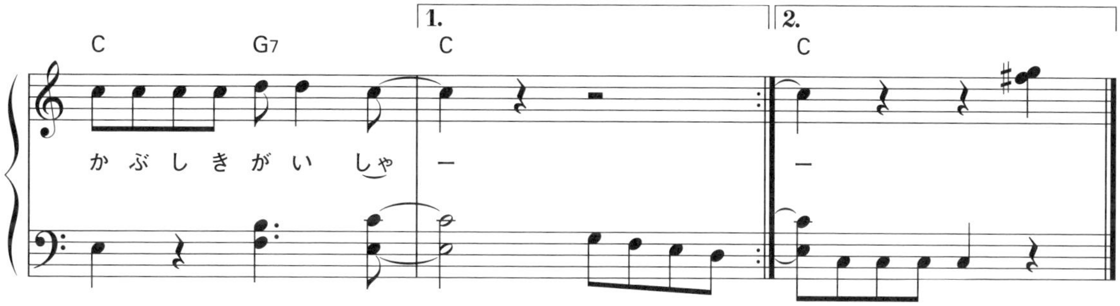

❗ Em、G7のところはGのコードで弾いてもOKです。

●コード

●伴奏パターン

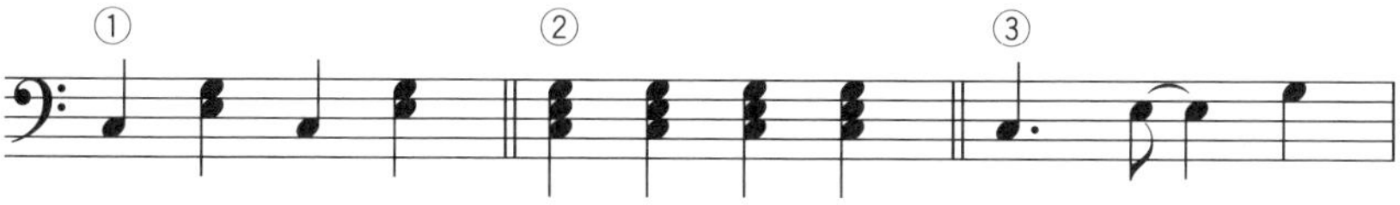

ぼよよん行進曲

作詞：中西圭三・田角有里／作曲：中西圭三

G
G
Am
G
どんなたいへんな　ことがおきたって　きみのあしーの
おしつぶされそうな　そんなときだって　ぐっとひざっこぞうに
C
1.
Am
D
そのしたにーは　とてもとてもじょうぶな　「ばね」がついてるん
ゆうきをたーめ
G
C
D
2.
Am
だぜー　（しってた？）　「いまだ！スタンバイ！オッケー！」

D G
そのときをまつのさー
D G Am B
ぴゅら りら かぜがきみを よんでいるよ
Em D♭m(−5) Am
ぴゅら りらら ー
Am D
ー いまこそ ー! ぼよよ
G C Am
よ〜んとそらへ ー とび あがってみよーう

B　Em　D♭m(−5)
ー ほ ら
あ の ー く も ま ー で ー ー
あ の ー ほ し さ ー え ー ー
て ー が
C　D　Em
と ど き そ う ー ー ぼ よ よ
よ 〜ん と た か く
C　Am　B
ー と び こ え て ゆ こ ー う ー
に じ
ほ し
Em　D♭m(−5)　Am　Bm
の ふ も と ー で え ー が お で ま っ て
の し ず く ー は は ー じ め て の あ し
C　D　to Φ　G　D
る き み が い る ぼ よ よ
た へ と つ づ
D.S.

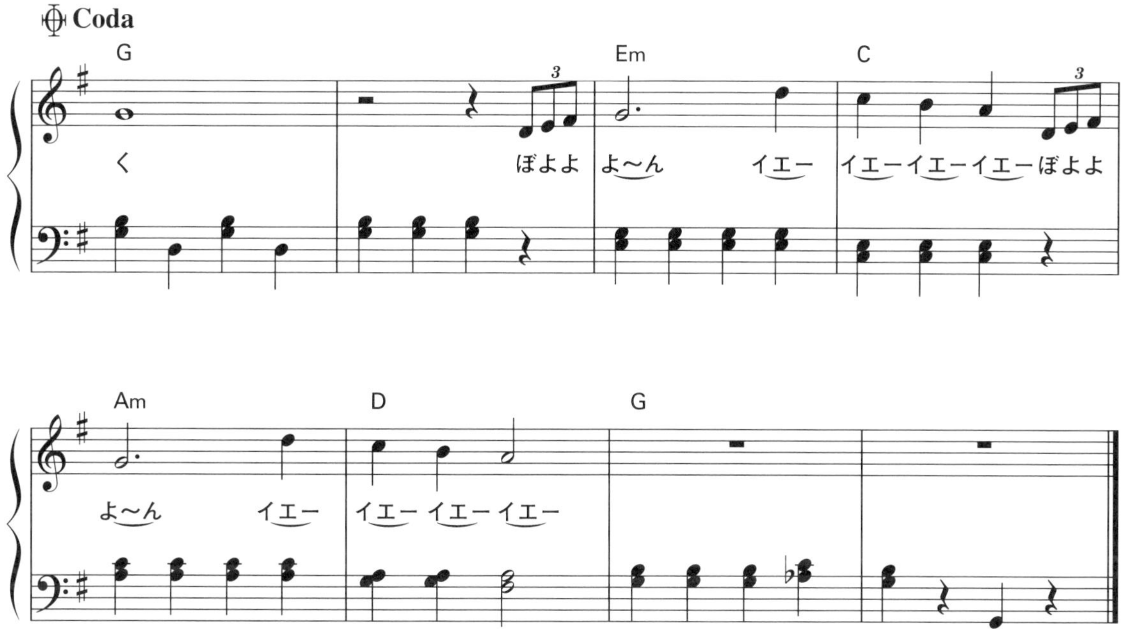

❗ 

は 

と同じ意味です。

● コード

● 伴奏パターン

勇気100%

作詞：松井五郎／作曲：馬飼野康二

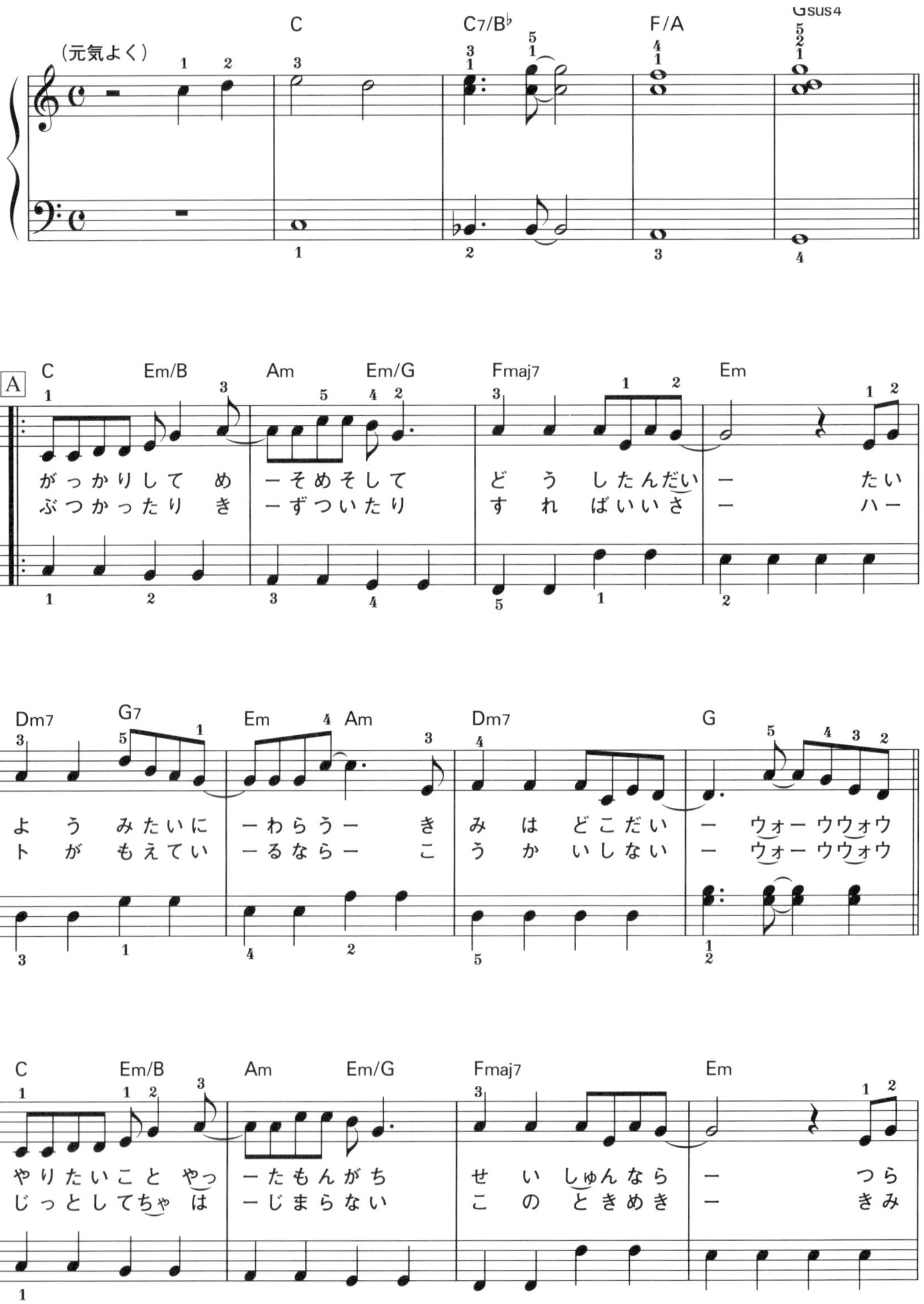
（元気よく）
C　C7/B♭　F/A　Gsus4
A
C　Em/B　Am　Em/G　Fmaj7　Em
がっかりしてめ　ーそめそして　どうしたんだい　ーたい
ぶつかったりき　ーずついたり　すればいいさ　ーハー
Dm7　G7　Em　Am　Dm7　G
ようみたいに　ーわらうーき　みはどこだい　ーウォーウウォウ
トがもえてい　ーるならーこ　うかいしない　ーウォーウウォウ
B
C　Em/B　Am　Em/G　Fmaj7　Em
やりたいことやっ　ーたもんがち　せいしゅんなら　ーつら
じっとしてちゃは　ーじまらない　このときめき　ーきみ

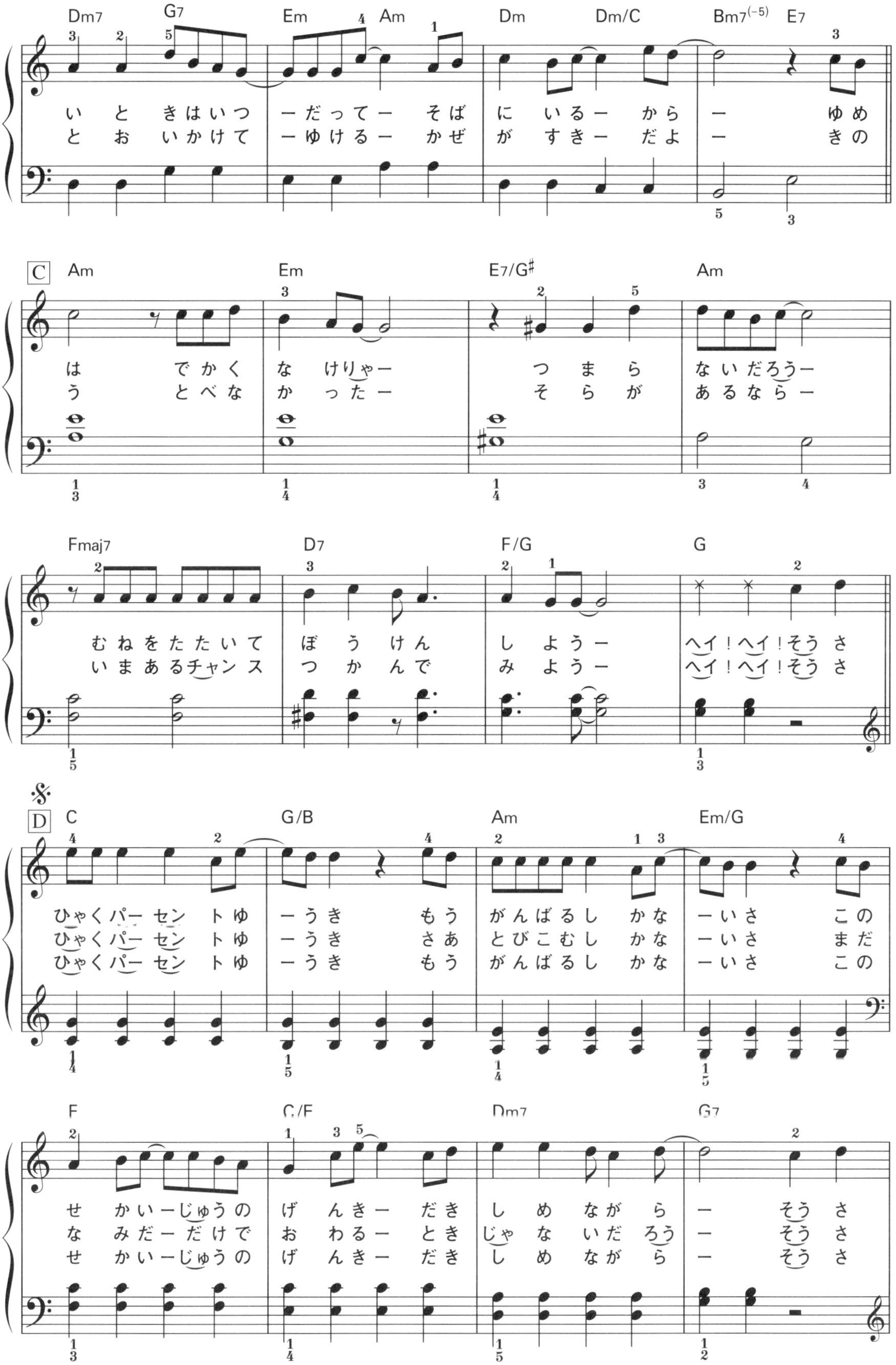

Dm7 G7 Em Am Dm Dm/C Bm7(-5) E7
い と きはいつ ーだってー そば に いるー から ー ゆめ
と お いかけて ーゆけるー かぜ が すきー だよ ー きの
C
Am Em E7/G♯ Am
は でかく な けりゃー つ ま ら ないだろうー
う とべな か ったー そ ら が あるならー
Fmaj7 D7 F/G G
むねをたたいて ぼ う け ん し ようー ヘイ！ヘイ！そう さ
いまあるチャンス つ か ん で み ようー ヘイ！ヘイ！そう さ
D
C G/B Am Em/G
ひゃくパー セン ト ゆ ーうき もう がんばるし かな ーいさ この
ひゃくパー セン ト ゆ ーうき さあ とびこむし かな ーいさ まだ
ひゃくパー セン ト ゆ ーうき もう がんばるし かな ーいさ この
F C/E Dm7 G7
せ かいーじゅうの げ んきー だき し め なが ら ー そう さ
な みだーだけで お わるー とき じゃ な いだ ろう ー そう さ
せ かいーじゅうの げ んきー だき し め なが ら ー そう さ

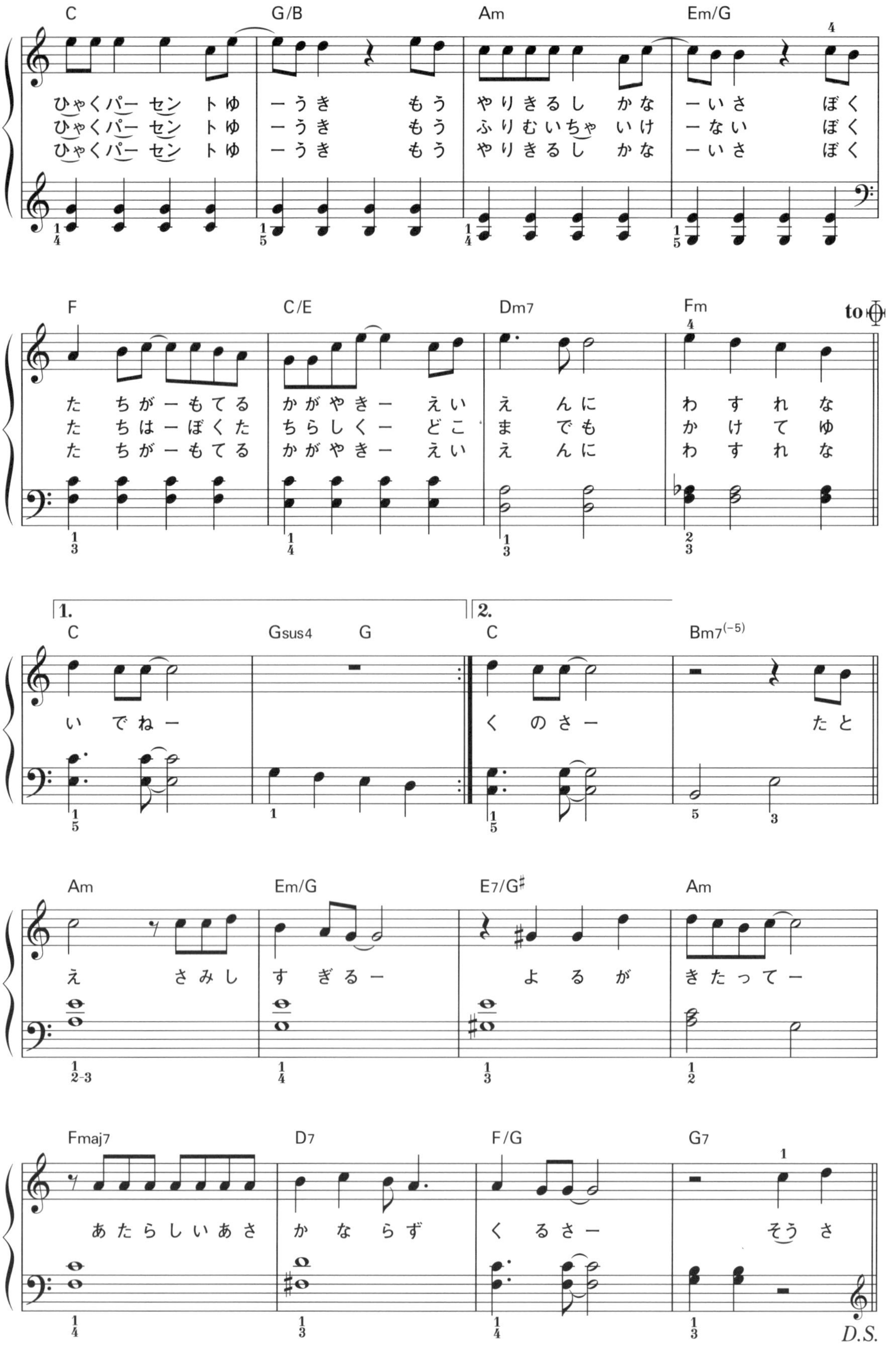
C G/B Am Em/G
ひゃくパーセント ゆーうき もう やりきるしかな ーいさ ぼく
ひゃくパーセント ゆーうき もう ふりむいちゃいけ ーないぼく
ひゃくパーセント ゆーうき もう やりきるしかな ーいさ ぼく
F C/E Dm7 Fm
to
たちがーもてる かがやきー えい えんに わすれな
たちはーぼくた ちらしくー どこ までも かけてゆ
たちがーもてる かがやきー えい えんに わすれな
1.
C Gsus4 G
いでねー
2.
C Bm7(−5)
くのさー たと
Am Em/G E7/G♯ Am
え さみし すぎるー よるが きたってー
Fmaj7 D7 F/G G7
あたらしいあさ かならず くるさー そうさ
D.S.

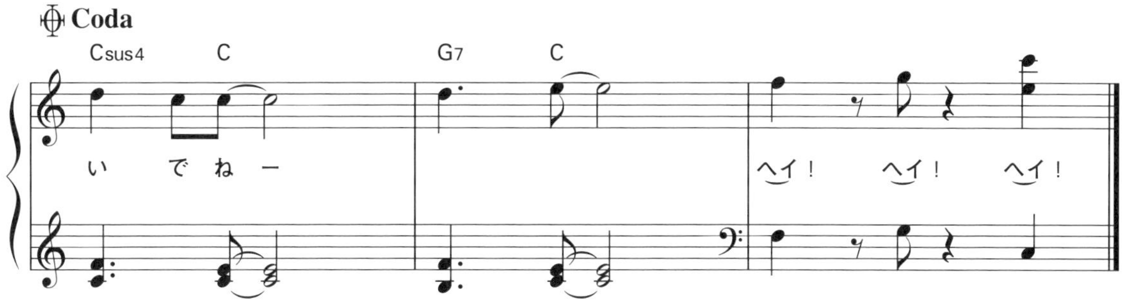

❗ Aメロはベースラインをそのままコピーしましたので、コードで弾きたい方は伴奏パターンを参考にしてください。
コードがたくさんありますが、セブンスなどの4和音は弾きやすく減らしましたので、問題ないかと思います。

● コード

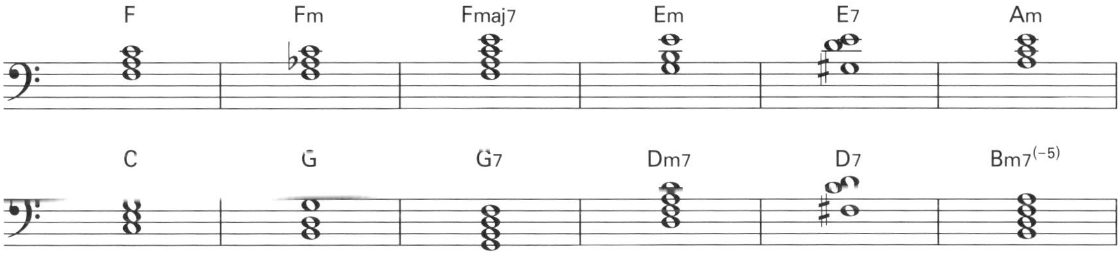

● 伴奏パターン

アイアイ

作詞：相田裕美／作曲：宇野誠一郎

♩= 118～120
C C7 A A7 Dm G7 C
C G7 C Am Dm G7
1.2
アーイ アイ（アーイ アイ） アーイアイ（アーイ アイ）
おさ るさーんだ よ
おさ るさーんだ ね
C C7 F C G7 C C7
アーイ アイ（アーイ アイ） アーイアイ（アーイ アイ）
みな みのしまー のー
この はのおうー ちー
F Fm C Am D D7 G
アイアイ （アイアイ） アイアイ （アイアイ）
しっぽのな が い
おめめのま る い

C G7 C G7 to⊕ C
アーイ アイ（アーイ アイ） アーイ アイ（アーイ アイ）
おさるさんだ
おさるさんだ
よ
C F G C F G C F G C
⊕Coda
C C C7 A A7 Dm G7 C
ね

● コード

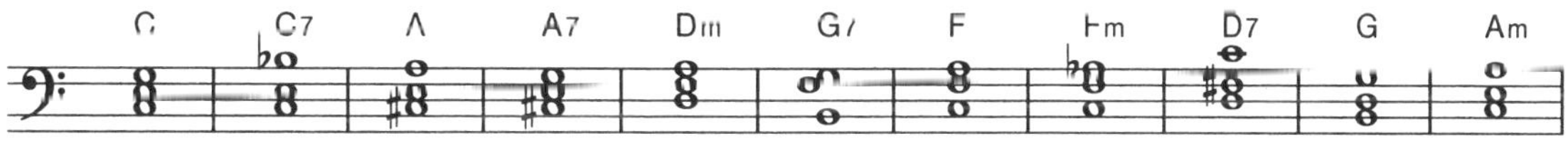
C C7 A A7 Dm G7 F Fm D7 G Am

● 伴奏パターン

①
②

あくしゅでこんにちは

作詞：まど・みちお／作曲：渡辺茂

C G7 C
C
1. て く て く て く て く あ る い て
2. も にゃ も にゃ も にゃ も にゃ お は な し
A7 Dm D G7
き て あ く しゅ で こん に ち
し て あ く しゅ で さよ う な
G7 C G7 1. C
は ご き げ ん い か が
ら ま た ま た あ し

● コード

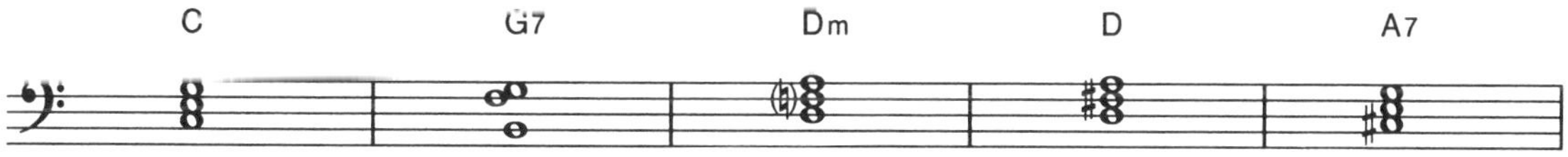

● 伴奏パターン

あめふり

作詞：北原白秋／作曲：中山晋平

♩=84
F C Dm7 C
C F C
1.あめあめ ふれふれ かあさんが
2.かけましょ かばんを かあさんの
3.あらあら あのこは ずぶぬれだ
4.かあさん ぼくのを かしましょか
5.ぼくなら いいんだ かあさんの
C G7 C
じゃのめで おむかい うれしいな
あとから いこいこ かねがなる
やなぎの ねかたで ないている
きみきみ このかさ さしたまえ
おおきな じゃのめに はいってく
F C Dm7 C
ぴっちぴっち ちゃっぷちゃっぷ らんらんらん

● コード

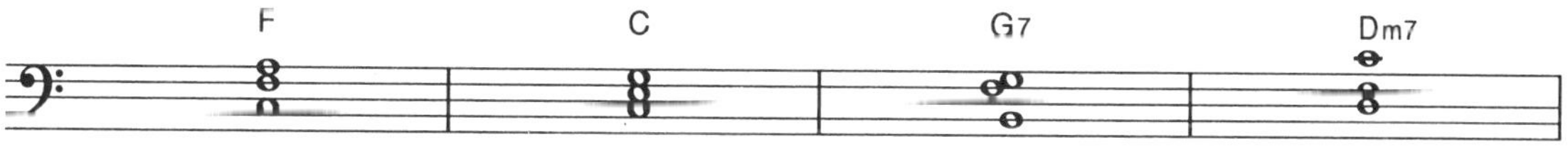

● 伴奏パターン

あめふりくまのこ

作詞：鶴見正夫／作曲：湯山昭

♩= 94
D F♯m G D A7
D Em A7 D D F♯m
G (B7) Em A7 D A7
D Em A7 D A7 D
1.おやまにあーめがふりましたあとからあとからふってきてちょろちょろおがわができました
2.いたずらくまのこかけてきてそうっとのぞいてみてましたさかながいるかとみてました
3.なんにもいないとくまのこはおみずをひとくちのみましたおててですくってのみました

Em A7 D D F♯m G (B7)
4
4.そ れ で も ど こ か に い る よ う
5.な か な か や ま な い あ め で し
Em A7 D A7 D
で も い ち ど の ぞ い て み て ま し た さ か な を
た か さ で も か ぶ っ て い ま しょ う と あ た ま に
Em A7 D G D
ま ち ま ち み て ま し た
は っ ぱ を の せ ま し た
3
2
1
3

●コード

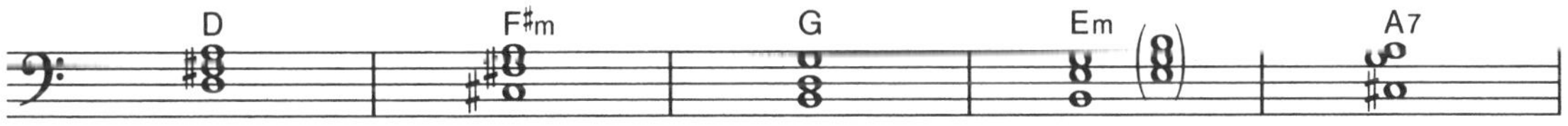
D
F♯m
G
Em
A7

●伴奏パターン

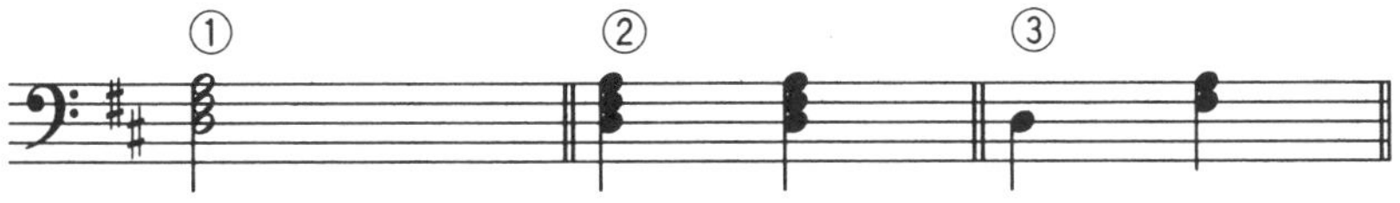
①
②
③

ありがとうさようなら

作詞：井出隆夫／作曲：福田和禾子

Andantino（心をこめて、やさしく）

C F G7 C
1.あ
C F G7 C
り が とう さ よう な ら と も だ ち ー
り が とう さ よう な ら きょ う し つ ー
り が とう さ よう な ら せ ん せ い ー
C C7 F G7 C C7
ひ と つ ず つ の え が お は ず む ー こ え ー
は し る よ う に す ぎ た た の し ー い ひ ー
し か ら れ た こ と さ え あ た た ー か い ー
F C G7 C G7
な つ の ひ ざ し に ー も ふ ゆ の そ ら の し た で も
お も い で ー の き ず が の こ る あ ー の つ く え に
あ た ら し ー い か ぜ に ゆ め の つ ば さ ひ ろ げ て

❗ 6/8のリズムに気をつけて、また左手の伴奏が一定になるように弾きましょう。

F C D7 G G7
みんなまーぶ しーくか がやいーて た
だれがこーん どーはす わるんーだ ろう
ひとりひーと りーがと びたつーと き
C G7 C F G7
ーーあ りがとうさ ようなら ともだ
ーーあ りがとうさ ようなら きょうし
ーーあ りがとうさ ようなら せんせ
1.2. C 3. C
ちー2.あ いーあ りがとうさ
つー3.あ
F Dm G7 C
ようなら みんなみん なーあ りがとうさ
F F♯dim G7 C
ようなら みーん な
rit.

※コード、伴奏パターンはP.188にあります。

あわてんぼうのサンタクロース

作詞：吉岡治／作曲：小林亜星

𝅗𝅥=103
1.あ わ
3.あ わ
F B♭ F
てん ぼう の サ ン タ ク ロ ー ス ク リ
てん ぼう の サ ン タ ク ロ ー ス え ん
てん ぼう の サ ン タ ク ロ ー ス し か
F D G C7
ス マ ス ま え に や っ て き た い そ
と つ の ぞ い て お っ こ ち た あ い
た が な い か ら お ど っ た よ あ た の
F B♭ (B dim)
い で リン リン リン い そ い で リン リン リン な ら
た た ドン ドン ドン あ い た た ドン ドン ドン ま っ
し く チャ チャ チャ た の し く チャ チャ チャ み ん

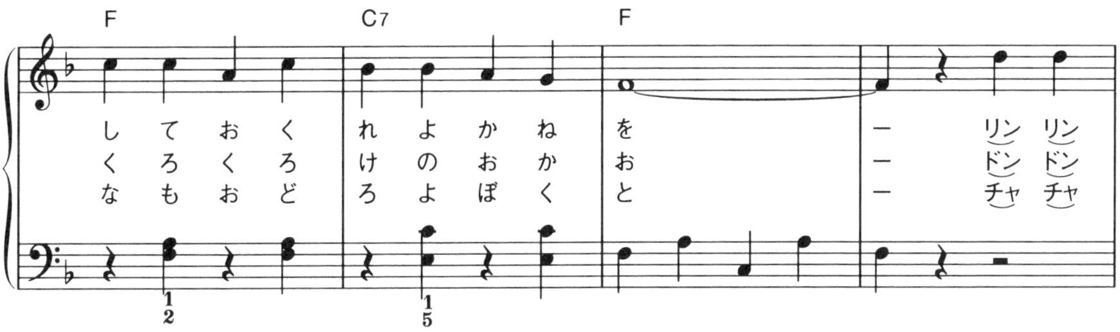
F C7 F
してお くれよ かね を ー リン リン
くろくろ けのおか お ー ドン ドン
なもおど ろよぼく と ー チャ チャ
1 2 1 5

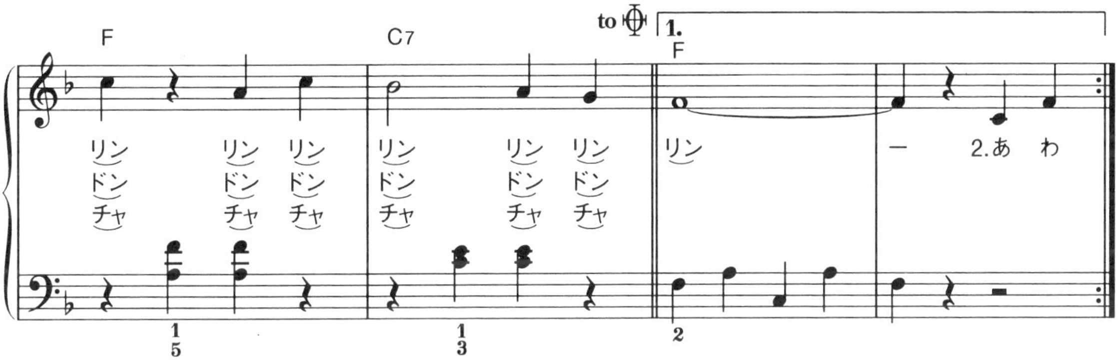
F C7 to Coda 1. F
リン リン リン リン リン リン リン ー 2.あ わ
ドン ドン ドン ドン ドン ドン
チャ チャ チャ チャ チャ チャ
1 5 1 3 2

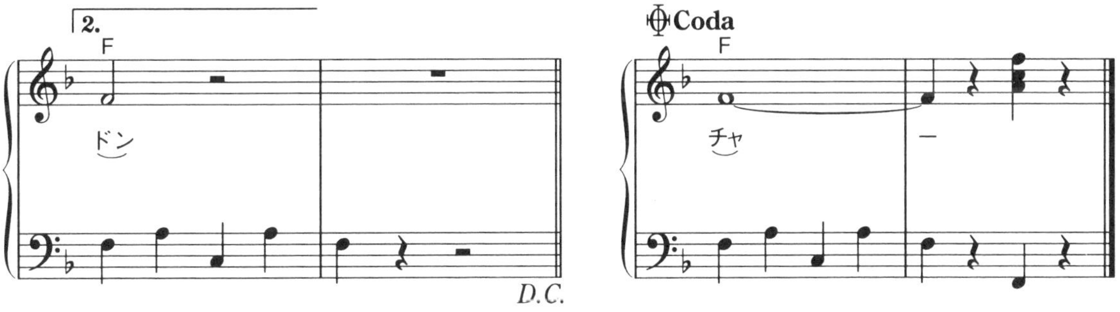
2. F
ドン
D.C.
Coda
F
チャ ー

● コード

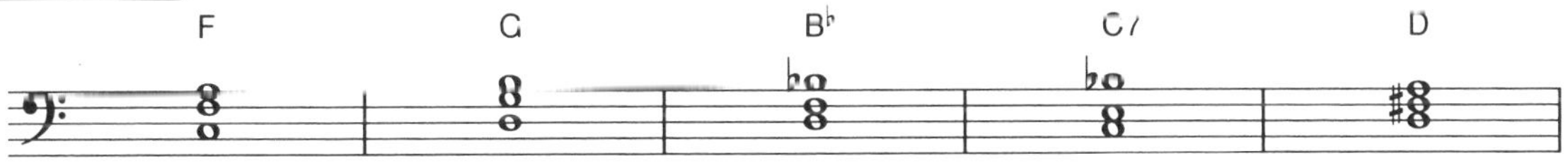
F G B♭ C7 D

● 伴奏パターン

①
②

アンパンマンのマーチ

作詞：やなせ・たかし／作曲：三木たかし

Bright and Lively　（げんきよく、いきいきと）♩= 128

C F D G G7
そうだ うれしいんだ いきるよ ろこび
C F G G7 C
たとえ むねのきずが いたんで も
F C Dm7 C D G
F C Dm7 C F C D G

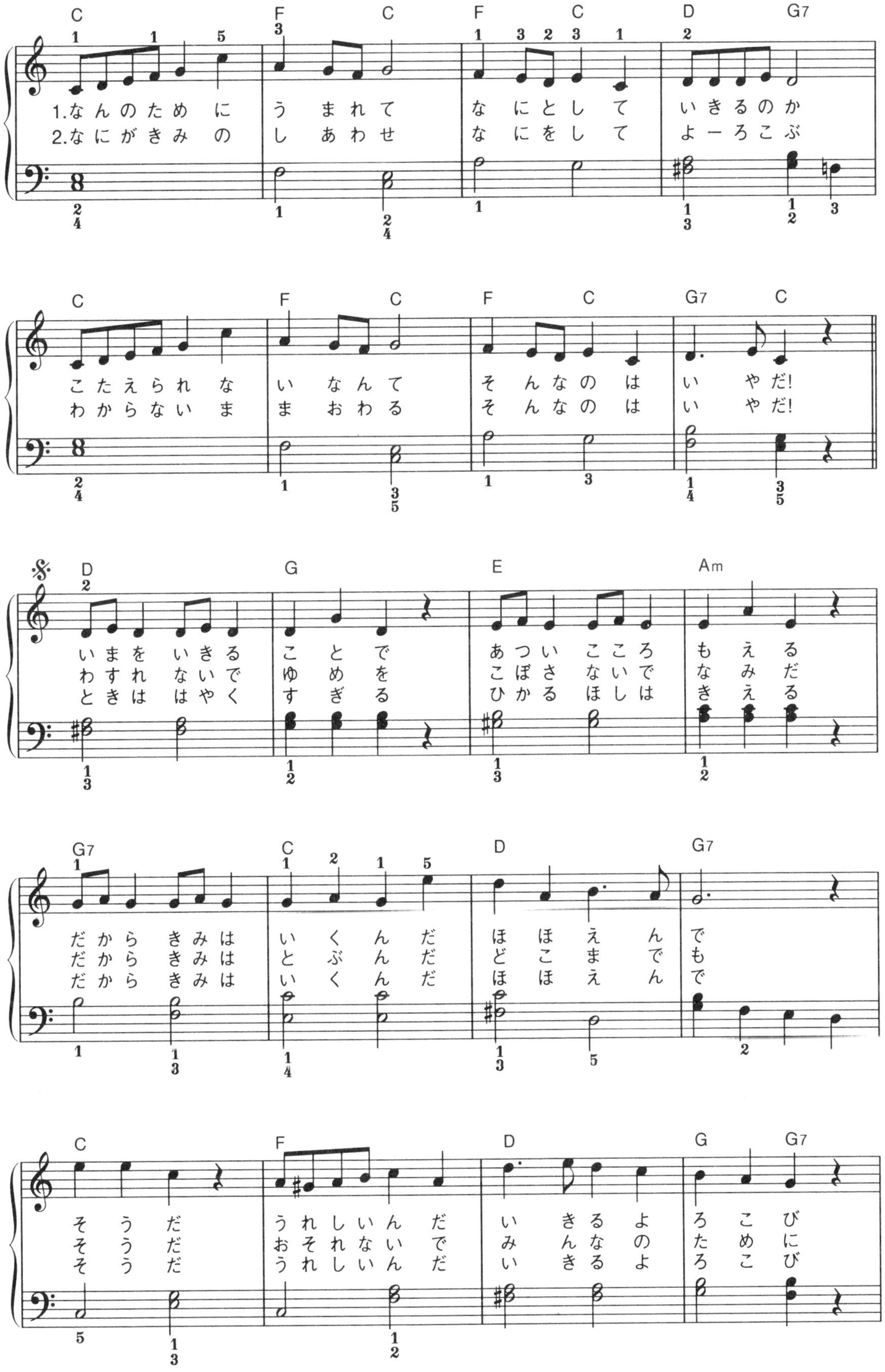
C F C F C D G7
1.なんのために うまれて なにとして いきるのか
2.なにがきみの しあわせ なにをして よーろこぶ
C F C F C G7 C
こたえられないな いなんて そんなのは いやだ!
わからないま まおわる そんなのは いやだ!
D G E Am
いまを いきる こと で あつい こころ もえる
わすれ ないで ゆめを こぼさ ないで なみだ
ときは はやく すぎる ひかる ほしは きえる
G7 C D G7
だから きみは いくんだ ほほえん で
だだから きみはは いとぶんだだ ほどこまでん も
だから きみは いくんだ ほほえん で
C F D G G7
そうだ うれしいんだ いきるよ ろこび
そそうだだ おそれないんで みんなのよ たためにに
そうだ うれしいんだ いきるよ ろこび

C F G G7 C
たとえ むねのきずが いたんでも
あいと ゆうきだけが ともだちさ
たとえ どんなてきが あいてでも
C F D G7
ああ アンパンマン やさしい きみは
C F G G7 C
いけ! みんなのゆめ まもるため
to Φ
C F C F C D G7
8
C F C F C G7 C
8
D.S.

❗【Dm7】はF、【G7・G7sus4】はGのコードで伴奏してください。

● コード

● 伴奏パターン

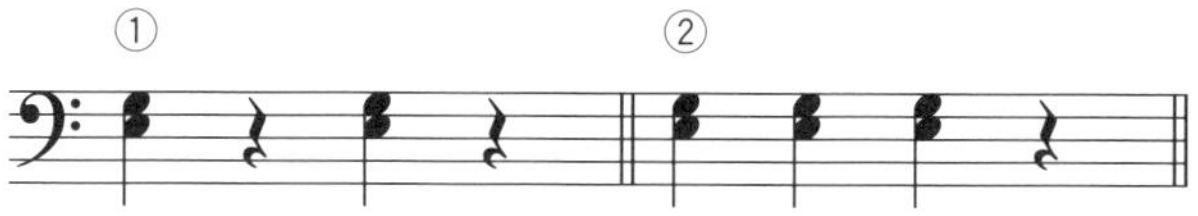

いちねんせいになったら

作詞：まど・みちお／作曲：山本直純

● コード

● 伴奏パターン

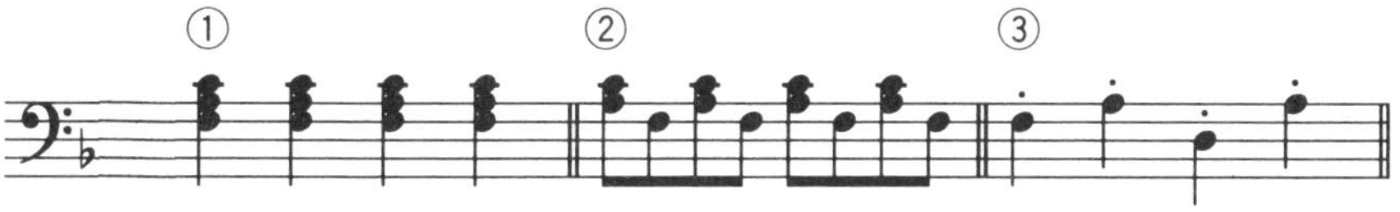

いぬのおまわりさん

作詞：佐藤義美／作曲：大中恩

Allegretto
C G C G Dm G7 C
1.まいごのまいごの こねこちゃん あなたのおうちは どこですか おう
2.まいごのまいごの こねこちゃん このこのおうちは どこですか から
C G7 C
ち をきいても わからない なまえ をきいても わからない
す にきいても わからない すずめ にきいても わからない
C G7 Dm Am G D7 G
ニャンニャン ニャニャーン ニャンニャン ニャニャーン なwhile いてばかりいる こねこちゃん

C
Am
Dm
(D♯dim)
C
D7
いぬの
おまわりさん
こまって しまって
ワン ワン ワン ワーン
G7
C
ワン ワン ワン ワーン

● コード

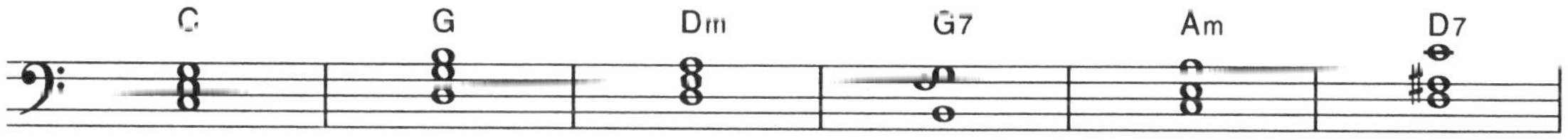
C
G
Dm
G7
Am
D7

● 伴奏パターン

①
②
③

うみ

作詞：林柳波／作曲：井上武士

● コード

● 伴奏パターン

うれしいひなまつり

作詞：サトウハチロー／作曲：河村光陽

♩=96
Am Dm A7
Dm Gm A(7) Dm
Dm Gm A7
Dm Gm A 7 Dm
1.あかりをつけましょ ぼんぼりに
2.おだいりさーまと おひなさま
3.きーんのびょうぶに うつるひを
4.きものをきかえて おびしめて
おはなをあげましょ もものはな
ふーたりならんで すましがお
かすかにゆーする はるのかぜ
きょーうはわたしも はれすがた

Gm Dm Gm A7
ごーにんばやーしのふえたいこ
およめにいらーしたねえさまに
すーこしろーざけめされたか
はーるのやよーいのこのよきひ
4

Dm Gm A(7) Dm
きょーうはたのしいひなまつり
よくにたかんじょのしろいかお
あーかいおかおのうだいじん
なによりうれしいひなまつり

● コード

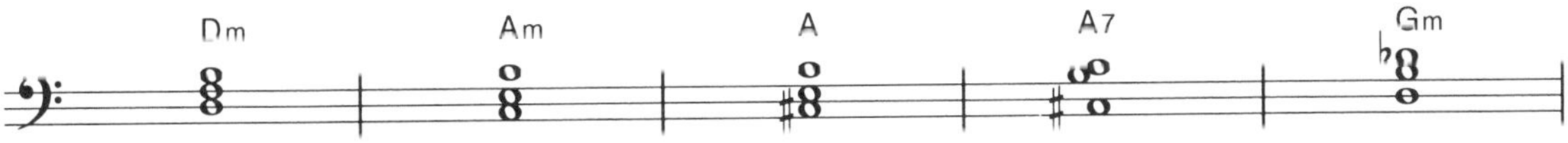
Dm
Am
A
A7
Gm

● 伴奏パターン

①
②

うんどうかい

作詞：三越左千夫／作曲：木原靖

♩= 120
C G7 C C
1. まっ て たまっ て た
2. まっ て たまっ て た
C F C D G
うん どう かい ワー イ ワー イ あ か ぐ み だ
うん どう かい ワー イ ワー イ し ろ ぐ み だ
C F G7 C
つ な ひ き だっ て ま け な い ぞ
か け っ こ だっ て ま け な い ぞ
ふれ ふれ ふれ ふれ ふれ ふれ

● コード

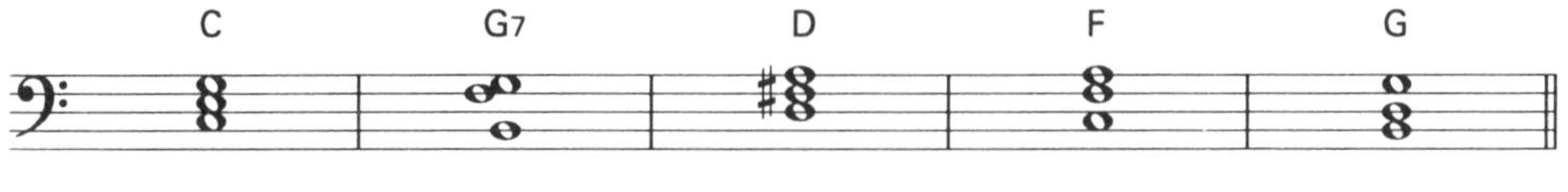
C
G7
D
F
G

● 伴奏パターン

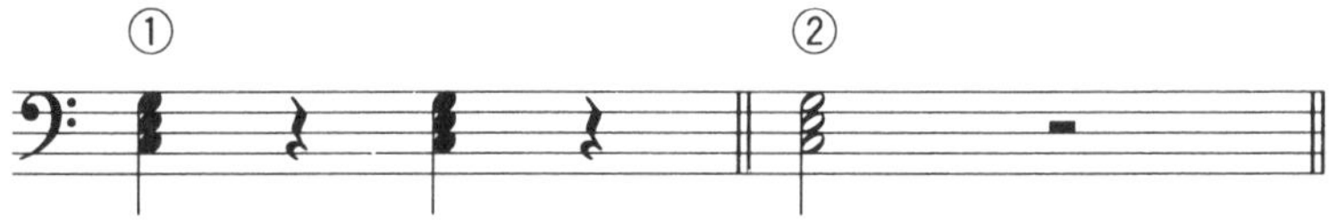
①
②

おかえりのうた

作詞：天野蝶／作曲：一宮道子

Allegro
C G7 C G7 C
1. きょーう もたのしく
2. おりがみつみきも
C F C F C G7 C G7 C
すみました なかよしこよしで かえりましょう せんせい
かたづけて おかえりおしたく できました
F C G7 1. C 2. C
さよなら またまたあし た た

●コード

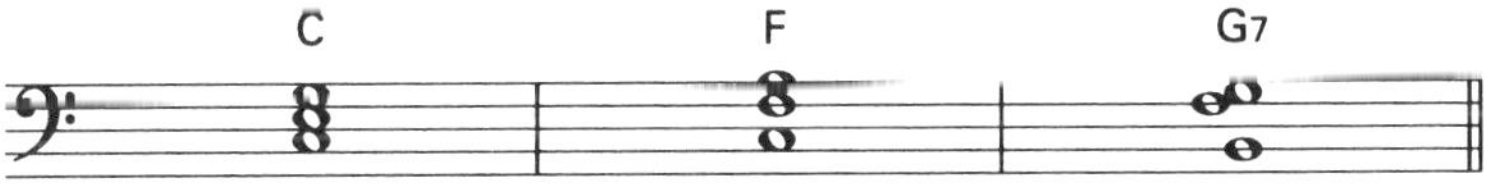
C
F
G7

●伴奏パターン

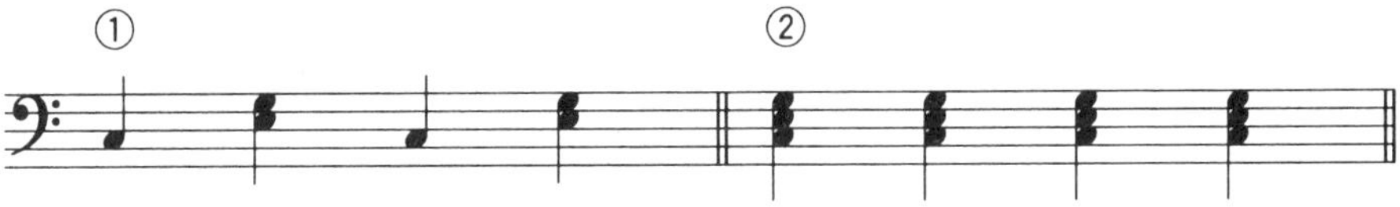
①
②

おおきなくりのきのしたで

作詞／作曲：不詳

♩=102（たのしく）
C G7 C
C G7 C
おおきなくりのきのしたで
ちいさなくりのきのしたで
C C7 F C
あなーたとわたし
あなーたとわたし
Am Em F G7 C
なかよくあそびましょう おおきな
なかよくあそびましょう ちいさな

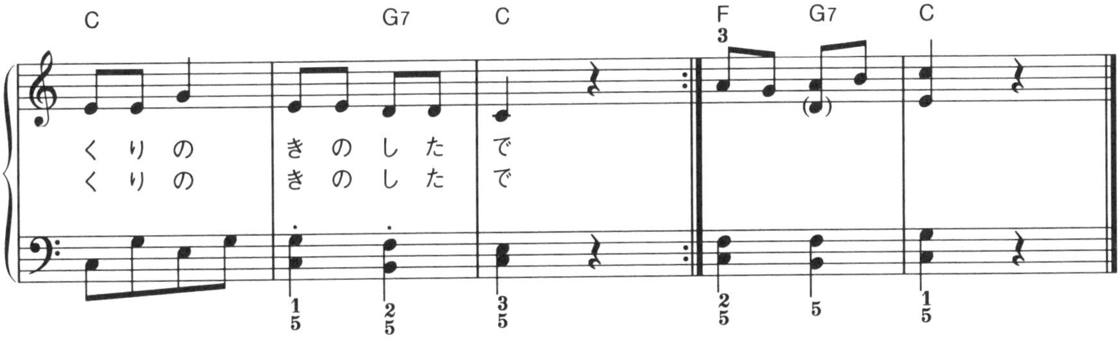

● コード

● 伴奏パターン

大きな古時計

作詞：保富康午／作曲：WORK HENRY CLAY

Allegretto
F C7 F7 B♭ Bdim F C7
F F C7 F B♭ F C7
1.お
お き なのっ ぽ の ふ る ど け い お じ い さ ん の と け
ん で もしっ て る ふ る ど け い お じ い さ ん の と け
よ な か に ベ ル が ー な っ た お じ い さ ん の と け
F F C7 F7 Gm
い ひゃ く ねん い つ も う ご い て い た ご じ
い き れ い な は な よ め やっ て き た そ の
い お わ か れ の と き が き た の を み な
F C7 F F Dm
ま ん の と け い さ お じ い さ ん の う ま
ひ も う ご い て た う れ しい こ と も か な
に お し え た の さ て ん ご く へ の ぼ る

コードが難しくて弾きづらいと感じる方は、単音や2和音にして、細かく動かないようにしてベタ弾きすると弾きやすくなります。

B♭ Bdim C7 Am Dm/A G7 C
れ た あ さ に か っ て き た と け い さ
し い こ と も み な しっ て る と け い さ い
お じ い さ ん と け い と も お わ か れ
F C7 F7 B♭ Bdim F C7 F
ま は もう う ご か な い そ の と け い ひゃ く
F C7 F C7 F C7
ねん や す ま ず に チク タク チク タク お じい さん と いっ しょ に
F C7 F C7 F7 B♭ Bdim
チク タク チク タク い ま は もう う ご か な い そ の
1. 2. 3.
F C7 F F F
と け い 2.な い 3.ま い
rit.

※コード、伴奏パターンはP.188にあります。

おしょうがつ

作詞：東くめ／作曲：滝廉太郎

♩=100
F Gm C7 F F C7
1.もう い く つ
2.もう い く つ
F C7 F B♭ F
ね る と お しょ う が つ お しょ う が つ に は
ね る と お しょ う が つ お しょ う が つ に は
(Dm C) F F Dm G C7
た こ あ げ て こ ま ー を ま わ し て あ そ び ま しょう
ま り つ い て お い ば ね つ い て ー あ そ び ま しょう
F C7 F C7 F
は や く ー こ い こい お しょ う が つ
は や く ー こ い こい お しょ う が つ

● コード

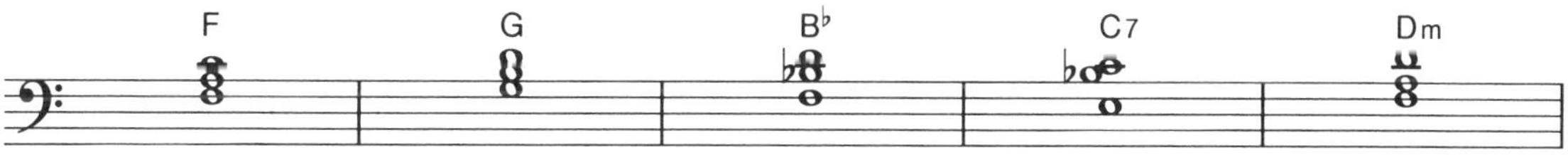

● 伴奏パターン

おすもうくまちゃん

作詞：佐藤義美／作曲：磯部俶

Moderato
C F C G7 C
C F C
1.2. おすもうくまちゃん くまのこちゃん
C F C G7
はっけよいよい はっけよい はっけよい
E Em Am
どちらがつよいか はーっけよい
ころんでまけても はーっけよい

C F C G7 C
しっかり しっかり しっかり ね
ないては だめだよ だめです よ
C F G7 C
5 1 2 4 5

● コード

C F G7 Em E Am

● 伴奏パターン

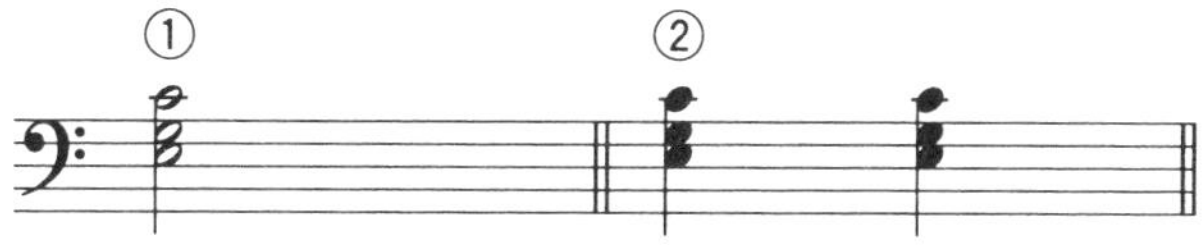
①
②

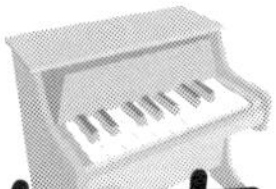

おつかいありさん

作詞：関根栄一／作曲：團伊玖磨

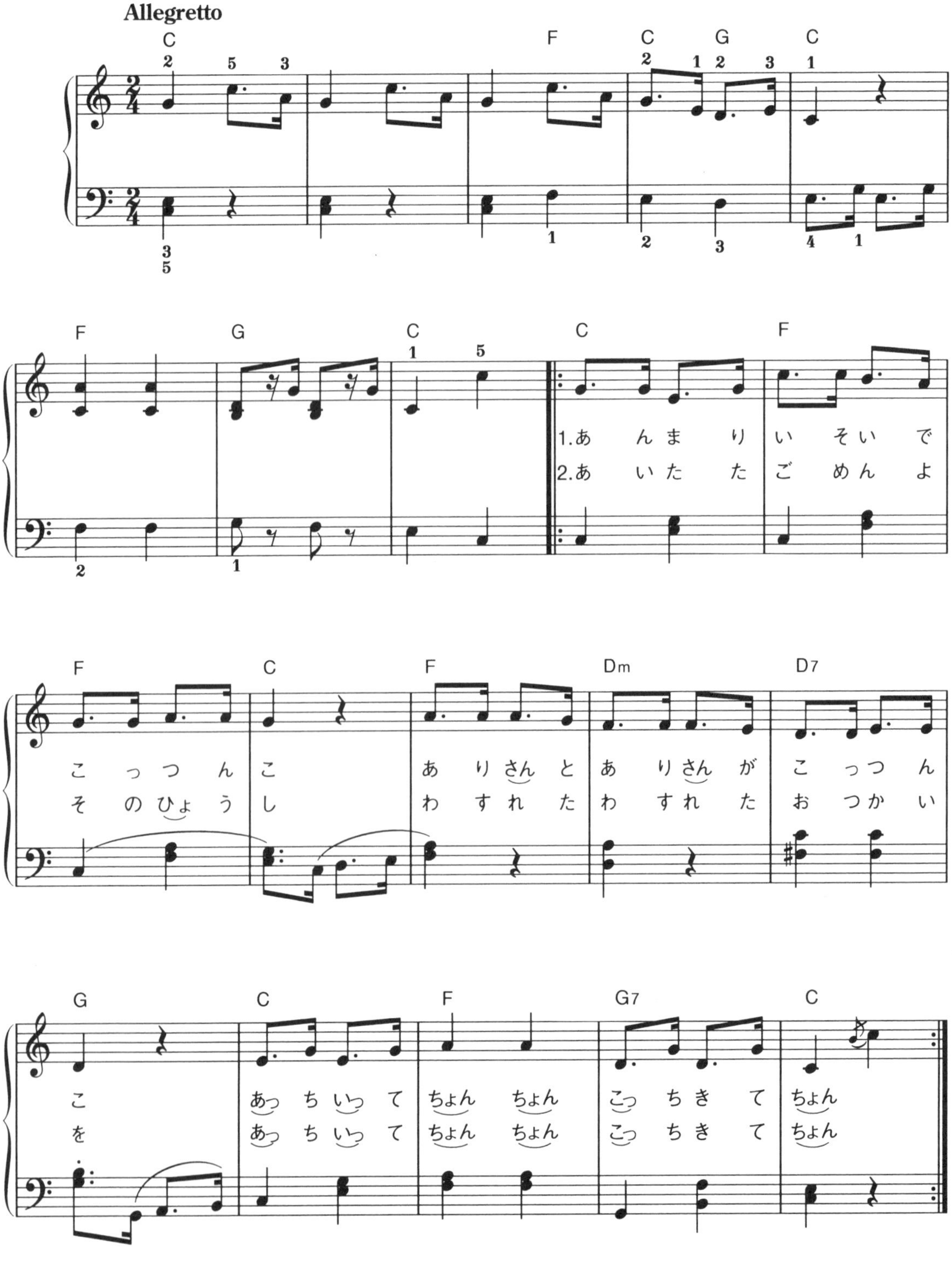

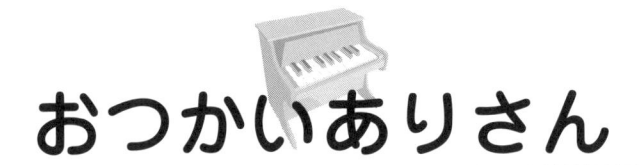

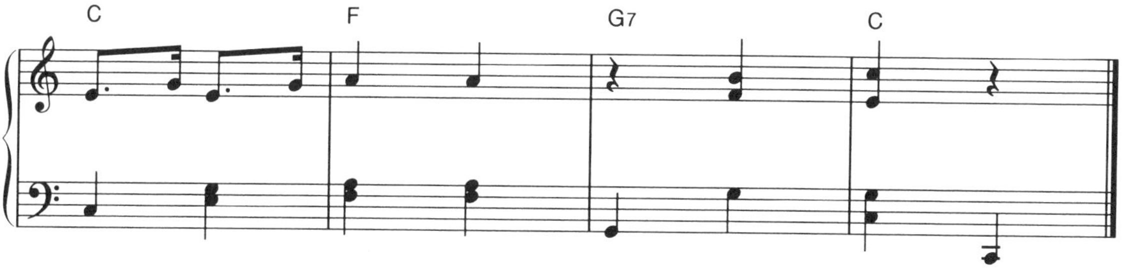

● コード

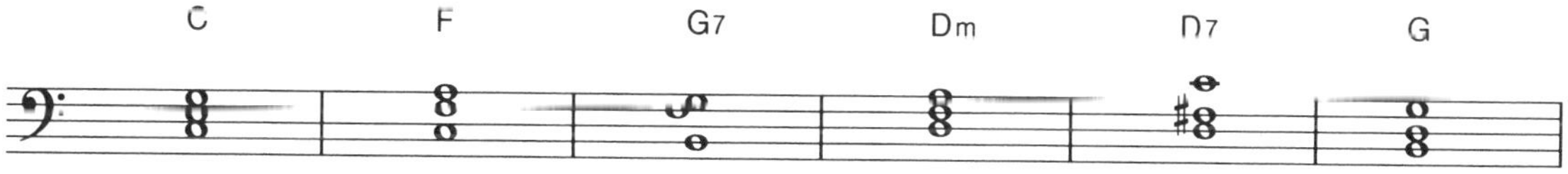

● 伴奏パターン

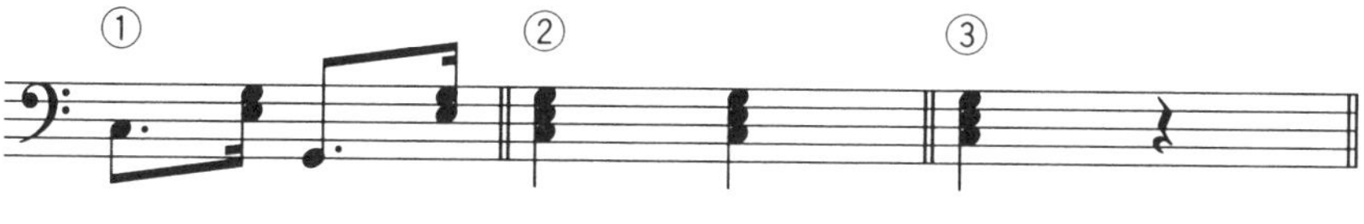

おなかのへるうた

作詞：阪田寛夫／作曲：大中恩

♩=112（ユーモラスに）
C G7
C
1.どうしておなかがへるのかな
2.どうしておなかがへるのかな
Dm
けんかをするとへるのかな
おやつをたべないとへるのかな
C Em F G (F C
F
なかよくしてても へるもんなー かあちゃん
いーくらたべても へるもんなー かあちゃん

Dm C)
C
Dm
G
C
かあちゃん おなかと せなかが くっつくぞ
かあちゃん おなかと せなかが くっつくぞ
1 5 2 4

●コード

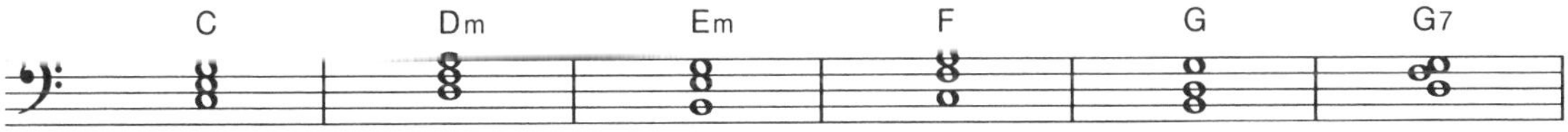
C Dm Em F G G7

●伴奏パターン

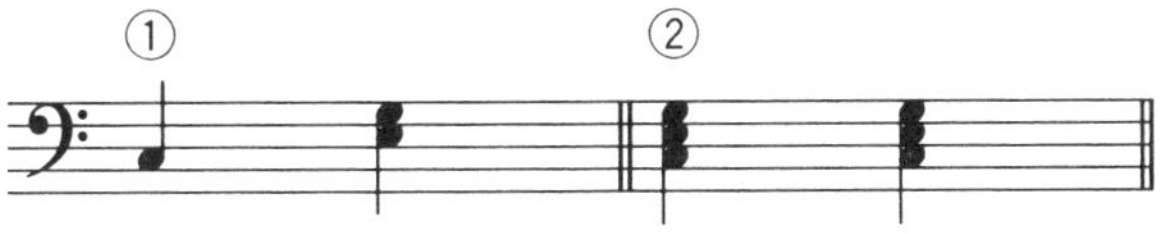
① ②

おにのパンツ

作詞／作曲：不詳

Allegro
C
お
C G7
に ー の パ ン ツ は い い パ ン ツ つ よ い
C G7 C
ぞ つ よ い ぞ ト ラ ー の け が わ で
C G7 C G7
で き て い る つ よ い ぞ つ よ い

C Em B7 Em B7 Em
ぞ ご ねん はいても やぶれない
Em B7 Em B7 Em G
つよい ぞ つよい ぞ じゅう ねん
D7 G D7 G D7
はいても やぶれない い つよい ぞ
D7 G
つよい ぞ はこう はこう おにのパン
G
ツ はこう はこう おにのパン

C E Am E
ツ あなた も わたし も あなた も わたし
Am F C G C
も みんなで はこうおにのパンツ

❗【E・G7・Am】はC、【B7】はEm、【D7】はGのコードで伴奏してください。

● コード

C
Em
F
G

● 伴奏パターン

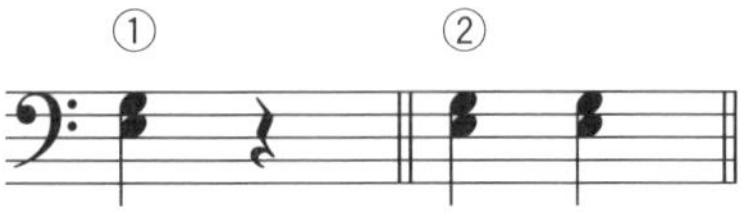
①
②

チューリップ

作詞：近藤宮子／作曲：井上武士

♩=100
F (F7) B♭ F F C7 F (C7)
F
さ い た さ い た
F C7 F
チューリップ の は な が な らんだ な らんだ あ か し ろ
C7 F (F7) B♭ F F C7 F
き い ろ ど の は な み て も き れ い だ な

●コード

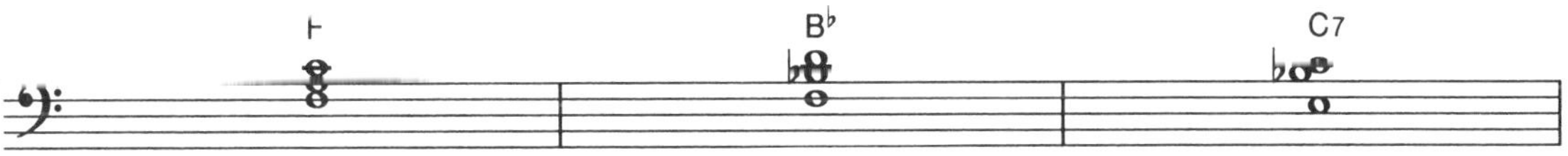
F
B♭
C7

●伴奏パターン

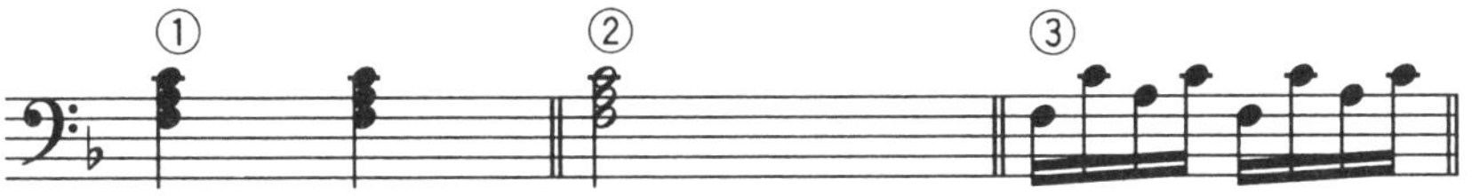
①
②
③

おばけなんてないさ

作詞：まきみのり／作曲：峯　陽

● コード

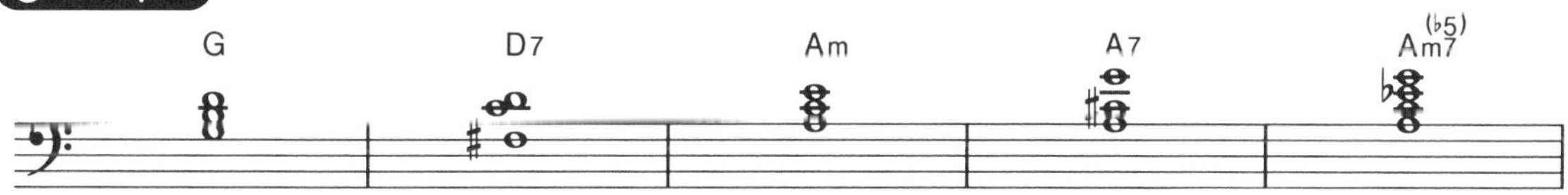

● 伴奏パターン

おへそ

作詞／作曲：佐々木美子

♩= 73
C G7 C
8va
C G C
1.おへそ の なかに は なに が あ る ピッ ピッ
2.おへそ の なかに は なに が あ る ピッ ピッ
3.おへそ の なかに は なに が あ る ピッ ピッ
C G C
おへそ の なかに は ごま が あ る ドン ドン
おへそ の なかに は しわ が あ る ドン ドン
おへそ の なかに は でこぼこ が あ る ドン ドン
G C Dm C D G
おへそ の ごま は くらい くらい つぼのなか
おへそ の しわ は くらい くらい ほそみちだ
おへそ の でこぼこ は くらい くらい かいだんだ

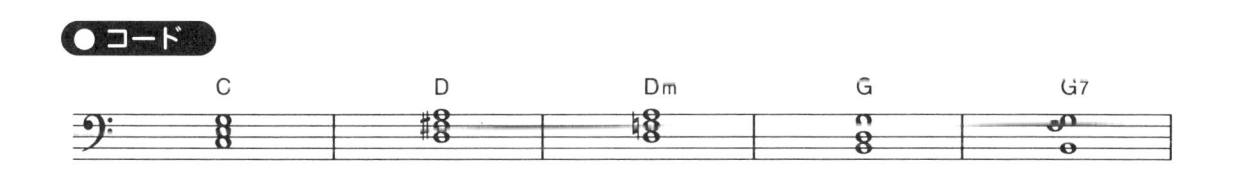

C G C
お へ そ の な か に は な に が あ る ドン ドン
お へ そ の な か に は な に が あ る ドン ドン
お へ そ の な か に は な に が あ る ドン ドン
1
5

●コード

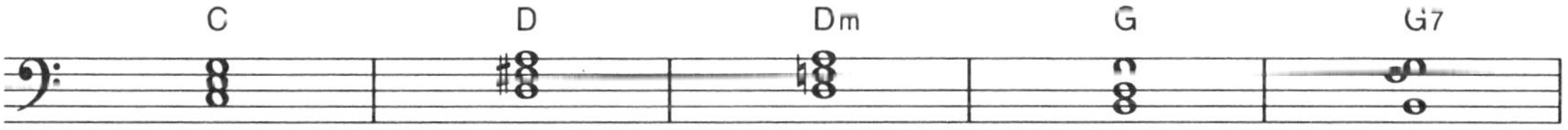
C D Dm G G7

●伴奏パターン

①
②
③

おもいでのアルバム

作詞：増子とし／作曲：本多鉄麿

Andante（しみじみと）
1.いつのことだか おもいだしてごらん あんなこと こんなこと あったでしょう —
2.はるのことです おもいだしてごらん あんなこと こんなこと あったでしょう —
3.なつのことです おもいだしてごらん あんなこと こんなこと あったでしょう —
4.あきのことです おもいだしてごらん あんなこと こんなこと あったでしょう —
5.ふゆのことです おもいだしてごらん あんなこと こんなこと あったでしょう —
6.いちねんじゅうを おもいだしてごらん あんなこと こんなこと あったでしょう —

G7 C G7 C
うれしかったこと おもしろかったこと
ぽかぽかおにわで なかよくあそんだ
むぎわらぼうしで みんなはだかんぼう
どんぐりやまので ハイキングラララ
もみのきかざって メリークリスマス
もものおはなも きれーいにさいて
G7 G♯dim F C G7 C
いつになっても わすーれないー
きれいなはなも さいーていたー
おふねもみたよ すなーやまもー
あかいはっぱも とんーでいたー
サンタのおじさん わらっていたー
もうすぐみんなは いちーねんせいー

❗ 6/8のリズムに注意し、左手の伴奏が一定になるように弾きましょう。

● コード

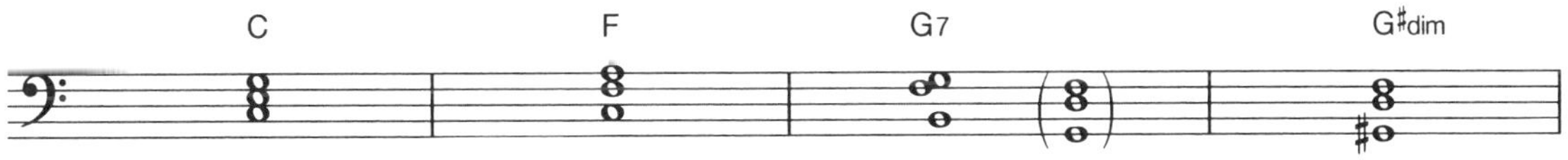
C
F
G7
G♯dim

● 伴奏パターン

①
②
③

おもちゃのチャチャチャ

作詞：野坂昭如／作曲：越部信義

Cha cha cha（たのしく）
C Am7 G7 G7 C
C Am7 G7 G7 C
おもちゃのチャチャチャ おもちゃのチャチャチャ チャチャチャおもちゃの チャチャチャ
C G7
チャチャチャ チャチャチャ
そらにキラキラ おほしさま みんなすやすや ねむるころ
なまりのへいたい トテチテタ ラッパならして こんばんは
きょうはおもちゃの おまつりだ みんなたのしく うたいましょ
そらにさよなら おほしさま まどにおひさま こんにちは
Dm7(F6) Em7 Am G7 C
to 1.2.
おもちゃははこを とびだして おどるおもちゃの チャチャチャ
フランスにんぎょう すてきでしょ はなのドレスで チャチャチャ
こひつじメェメェ こねこはニャー こぶたブースカ
おもちゃはかえる おもちゃばこ そしてねむるよ

❗ 3カッコの間奏は演奏会用なので、弾かなくても構いません。

● コード

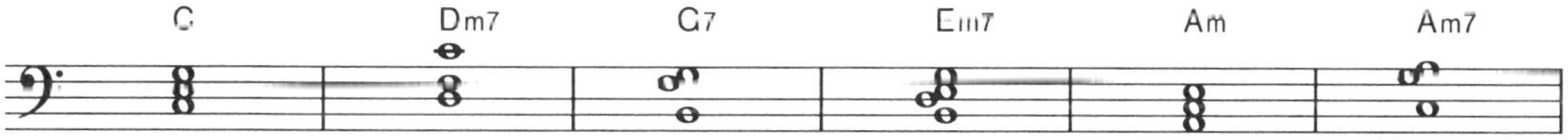

● 伴奏パターン

かえるの合唱

作詞：岡本敏明／ドイツ民謡

（たのしく）
C
かえるの うたが きこえて
C
くるよ クワ クワ クワ クワ
C
ケケケケケケケケ クワ クワ クワ かえるの
C
うたが きこえて くるよ

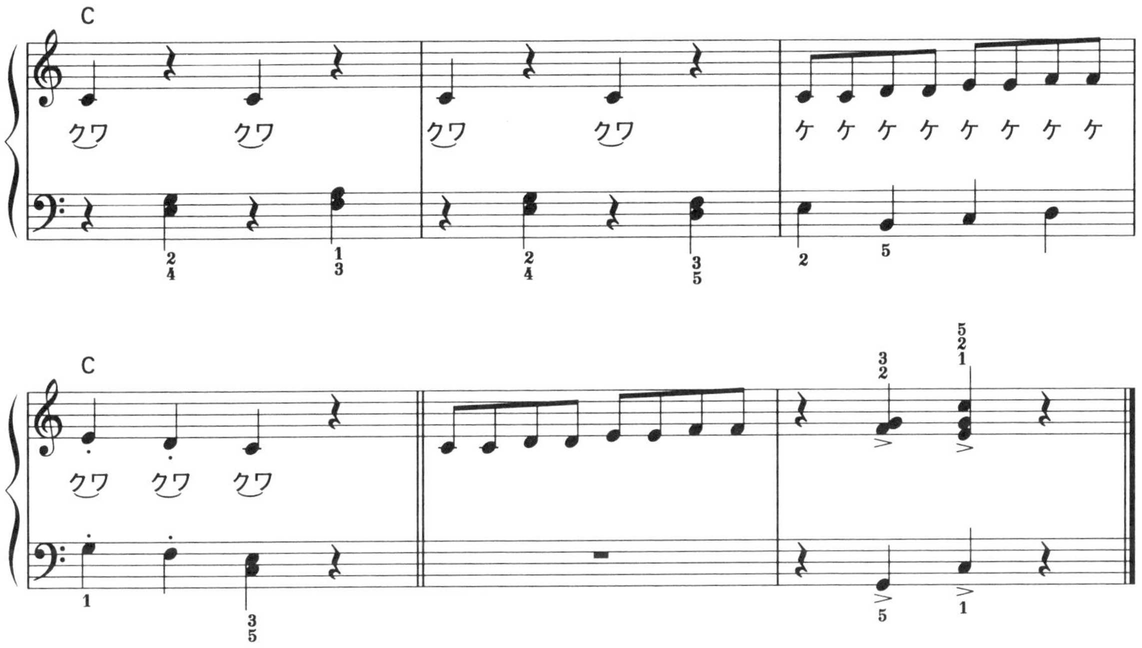
C
クワ　クワ　クワ　クワ
ケ　ケ　ケ　ケ　ケ　ケ　ケ　ケ
C
クワ　クワ　クワ

● コード

C （転回形）

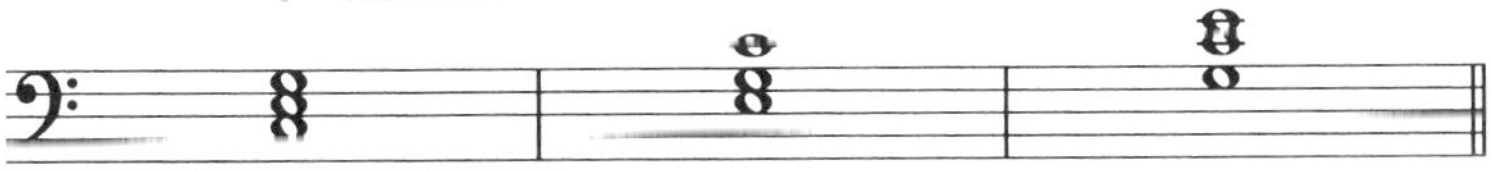

● 伴奏パターン

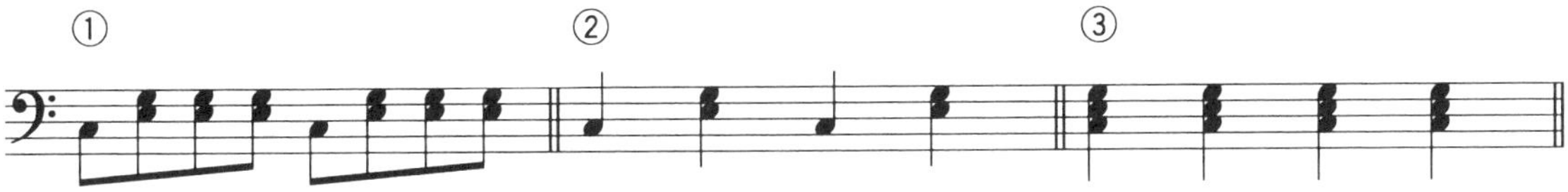
①
②
③

キャンプだホイ

作詞：／作曲：マイク真木

キャンプだホイキャンプだホイ
キャンプだホイホイホイ
キャンプだホイキャンプだホイ
キャンプだホイホイホイ
1. はじめてみるやま　はじめてみるかわ　はじめておよぐうみ
2. はじめてみるとり　はじめてみるむし　はじめてあそぶもり
3. はじめてあうひと　はじめてうたううた　はじめてつくるごはん
きょうからともだち　あしたもともだち　ずっとともだち

1.2.
3.
F F F
さ
さ
キャンプだホイ キャンプだホイ
C7 F
キャンプだホイホイホイ
キャンプだホイ キャンプだホイ
C7 F
キャンプだホイホイホイ

❗ 伴奏パターン1と2を組み合わせて使用しても良いでしょう。

● コード

F
B♭
C7

● 伴奏パターン

①
②
③

きらきら星

作詞：武鹿悦子／フランス民謡

Moderato
F C Dm G7 C
F C
1.きらきら ひかる
2.きらきら ひかる
G7 C G7 C G7 C G
おそらの ほしよ まばたき しては
おそらの ほしよ みんなの うたが
C G7 C G7 C F C
みんなを みてる きらきら ひかる
とどくと いいな きらきら ひかる
G7 C G7 C Dm G7 C
おそらの ほしよ
おそらの ほしよ

● コード

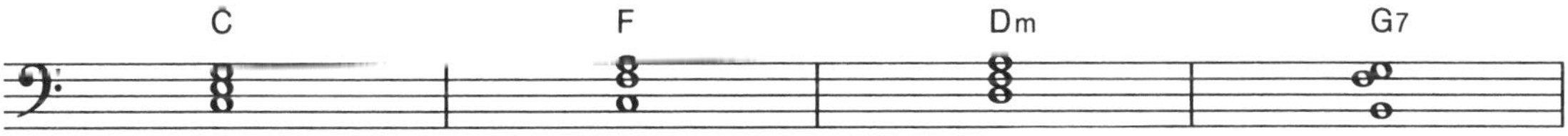

● 伴奏パターン

くじらのとけい

作詞：関和男／作曲：渋谷毅

クジ ラプ カプ カ う みの うえ と んで るか もめ が
クジ ラプ クプ ク う みの なか か しこ いイ ルカ が
じ かん をきい た
じ かん をきい た
ク ジラ ク ジラ い まな んじ

C G7
いま9じいま9じ (いま9じら) クジラのとけいは
G7 C C G7
9じ9じら らら クジラ クジラ
C G7 C
(いまなんじ) (いま～　　　) 9じら

❗ かもめがクジラに話かけるように「いま、何時？」とセリフを言いましょう。
リズムに注意してバウンスのノリを出せるようにメロディをはずんで弾くようにしましょう。
（　）内はセリフなので、メロディは弾いても弾かなくても構いません。

● コード

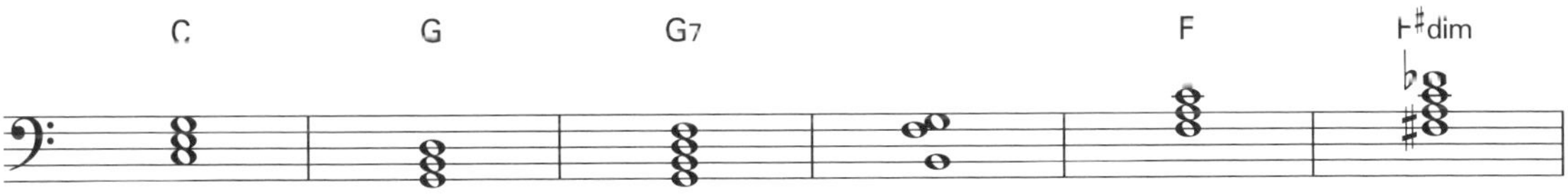
C G G7 F F♯dim

● 伴奏パターン

① ② ③

げんこつやまのたぬきさん

わらべうた

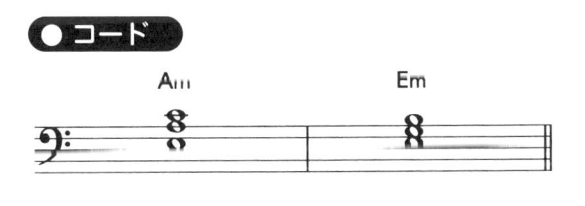

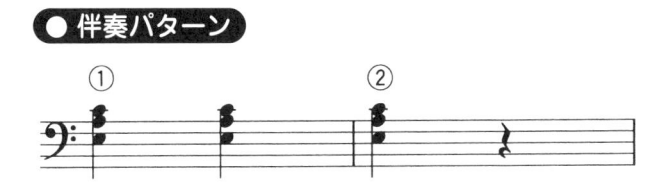

● コード

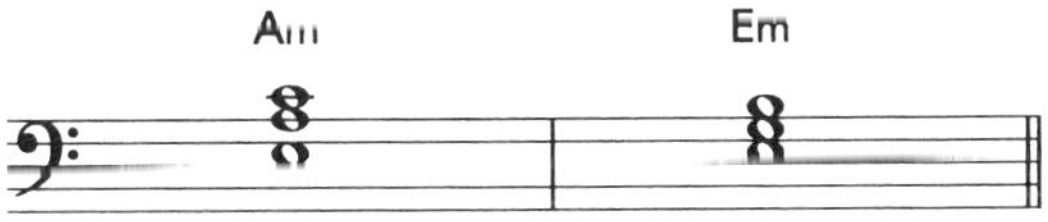

● 伴奏パターン

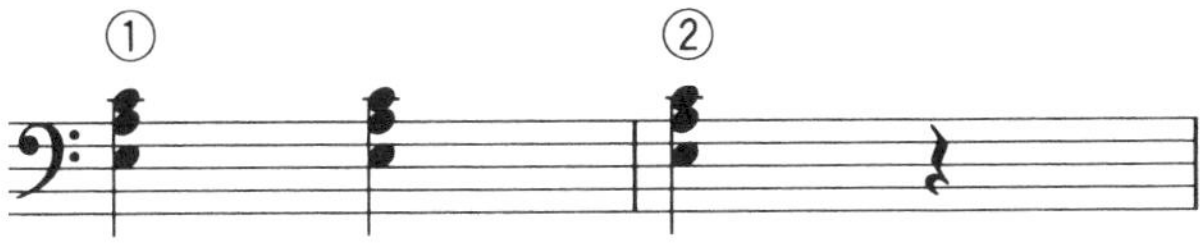

こいのぼり

作詞：近藤宮子／作曲：不詳

♩=110（たのしく）
C F C G7 C
C G C F C C G7
や ね よ り た か い こ い の ぼ ー り
C F C G7 C
お お き い ま ご い は お と う さ ん
F C D7 G7
ち い さ い ひ ご い は こ ど も た ー ち

● コード

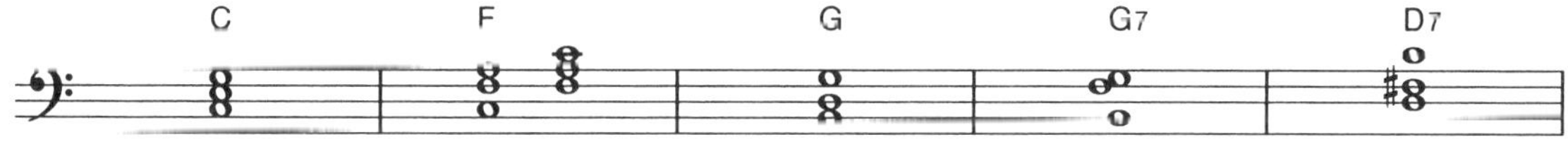

● 伴奏パターン

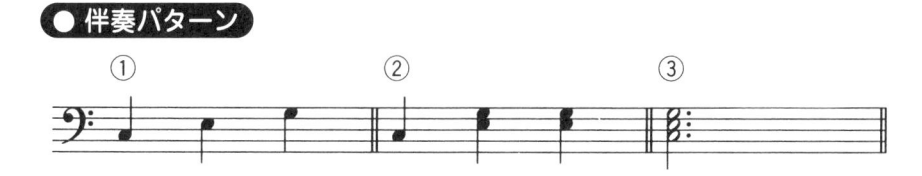

コンコンクシャンのうた

作詞：香山美子／作曲：湯山昭

♩= 90～100
F C7
F C7 F F C7 F
1.リスさんが
2.つるさんが
3.ぶうちゃんが
4.かばさんが
5.ぞうさんが
マスクした
C7 F C7 F
ちいさい ちいさい ちいさい ちいさい
ほーそい ほーそい ほーそい ほーそい
まーるい まーるい まーるい まーるい
おおきい おおきい おおきい おおきい
なーがい なーがい なーがい なーがい

●コード

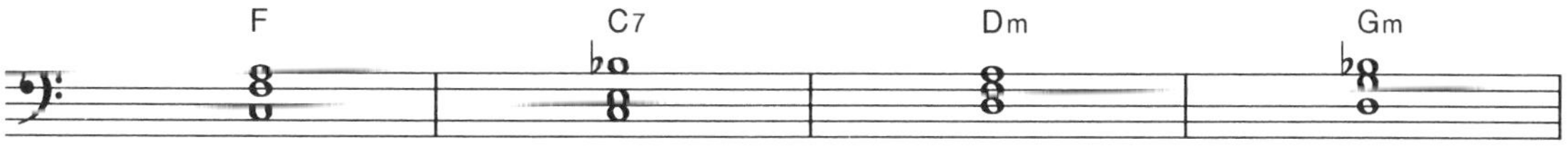

●伴奏パターン

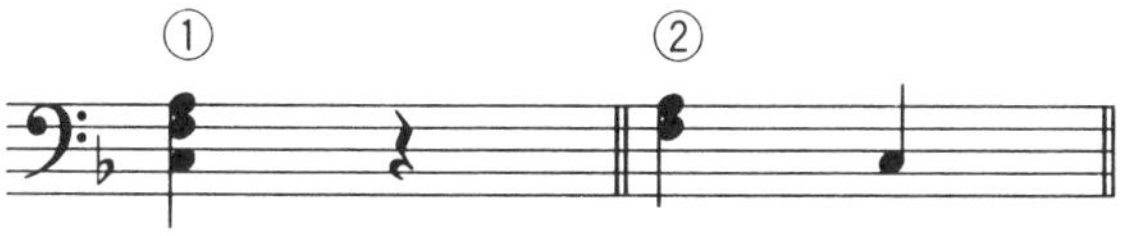

ごんべさんのあかちゃん

作詞：不詳／アメリカ民謡

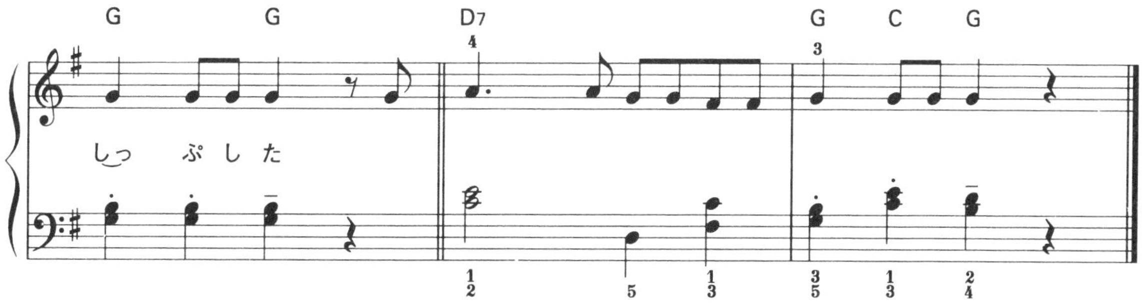

●コード

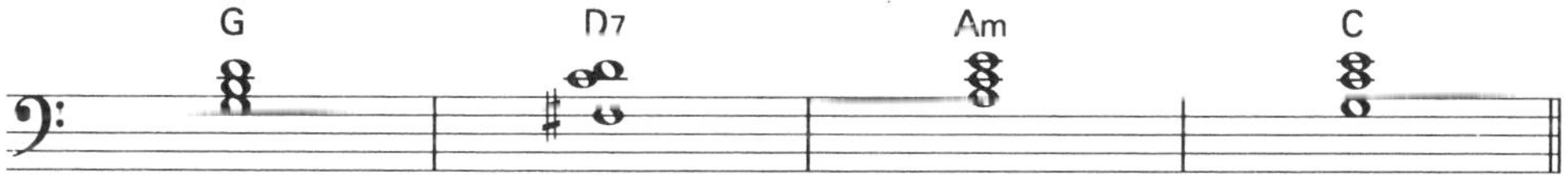

●伴奏パターン

さんぽ

作詞：中川李枝子／作曲：久石譲

♩=120
C
D
NO BOUNCE
G
F
8va
G7/F
Em
Am
Dm7
G7
C
NO BOUNCE
C
G7
1. あ る こう あ る こう
2. あ る こう あ る こう
3. あ る こう あ る こう
C
Am
Dm7
G7
F
C
わ た し は げ ん き あ る く の ー だ い す き
わ た し は げ ん き あ る く の ー だ い す き
わ た し は げ ん き あ る く の ー だ い す

F G7 C Fm C
どんどんいこう さかみちー トンネルー
どんどんいこう みつばちー ぶんぶんー
どんどんいこう きつねもー たぬきもー
Fm C Am Em F
くさっぱら いっぽんばしにー でこぼ
はなばたけ ひなたにとかげー へびは
でておいで たんけんしようー はやし
D7 G 1.2. C Em
こじゃりみち くものすくぐってー くだ
ひーるーね ばったがとんでー まが
のおくまで
F G7 C 3. C Em
りみち ともだちたくさんー うれ
りみち
F G7 C
しいな
※NO BOUNCE…… にはならいように

❗ 最後の小節の「な」は楽譜上は四分音符ですが、3拍のばして歌ってください。
右手の のリズムに注意して弾きましょう。

※コード、伴奏パターンはP.188にあります。

しあわせならてをたたこう

作詞：木村利人／スペイン民謡

♩= 112
F F7 B♭ B♭m C7 F F C7 F F F7 B♭ B♭m C7
1.し あ
2.し あ
わ せ な ら て を た た こう し あ わ せ な ら て を た た こう し あ わ せ な ら た い ど で し め そ う よ ほ ら みん な で て を た た
わ せ な ら あ し な ら そう し あ わ せ な ら あ し な ら そう し あ わ せ な ら た い ど で し め そ う よ ほ ら みん な で あ し な ら
わ せ な ら か た た た こう し あ わ せ な ら か た た た こう し あ わ せ な ら た い ど で し め そ う よ ほ ら みん な で か た た た
わ せ な ら ほっ ぺ た た こう し あ わ せ な ら ほっ ぺ た た こう し あ わ せ な ら た い ど で し め そ う よ ほ ら みん な で ほっ ぺ た た
to Φ

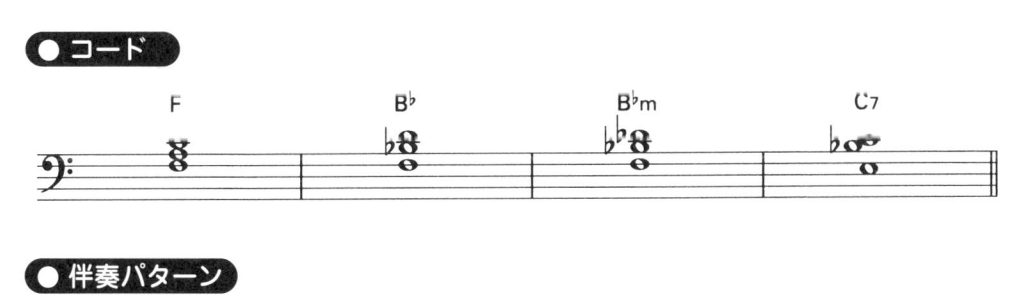

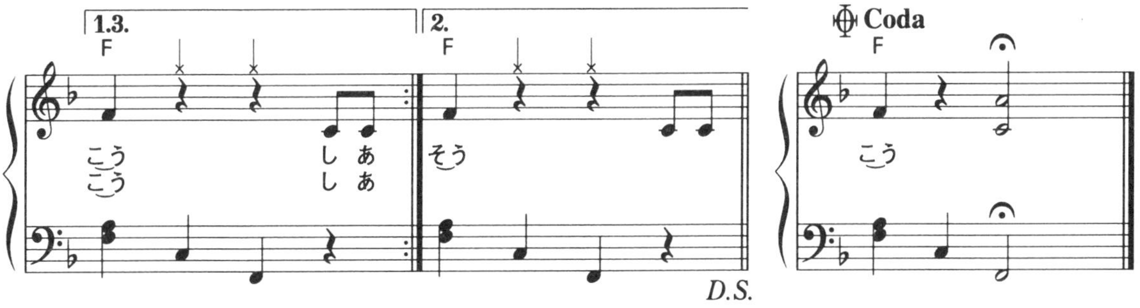

● コード

● 伴奏パターン

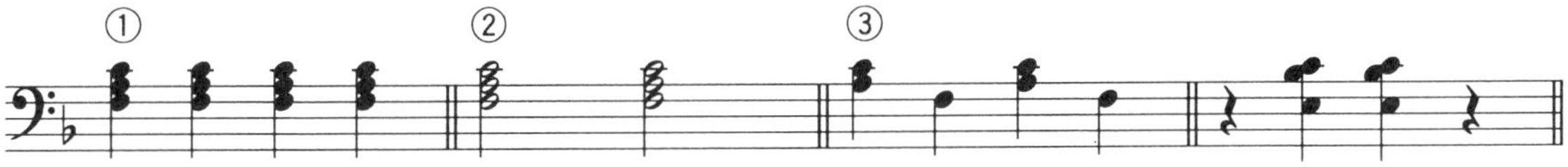

しゃぼんだま

作詞：野口雨情／作曲：中山晋平

♩=76（ふわっと）
1.シャ ボン だ ま と ん だ
2.シャ ボン だ ま き え た
や ね ま で と ん だ や ね ま で と ん で
と ば ず に き え た う ま れ て す ぐ に
こ わ れ て き え た
こ わ れ て き え た
か ぜ か ぜ ふ く な
シャ ボ ン だ ま と ば そ
rit.

● コード

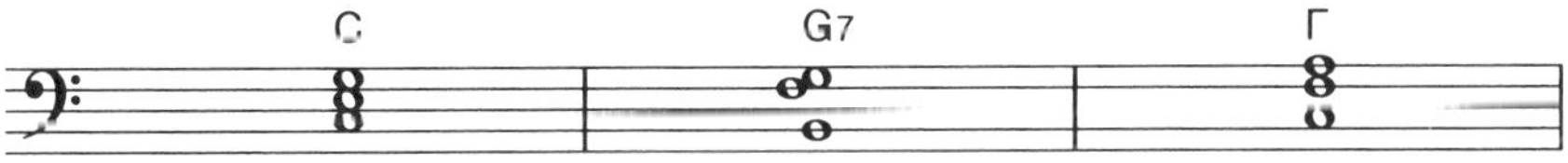

● 伴奏パターン

10人のインディアン

作詞：高田三九三／アメリカ民謡

Allegro（楽しく、元気よく）
F C7 F
F C7
1.ひ と り ふ た り さん にん い る よ よ にん ご にん
2.じゅう にん く にん はち にん い る よ しち にん ろく にん
C7 F
ろく にん い る よ しち にん はち にん く にん い る よ
ご にん い る よ よ にん さん にん ふ たり い る よ
C7 F F
じゅう にんの インディアン ボーイズ
ひと りの インディアン ボーイ

● コード

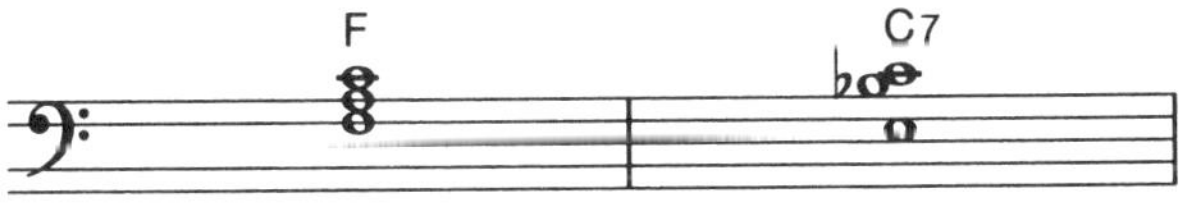

● 伴奏パターン

ジングルベル

作詞：小林純一／作曲：PIERPONT JAMES

♩=100
B♭ F C7 F F
ゆ き を け り の
F B♭ C7
simile
や ま こ え て す
べ ー り ゆ く か
る ー い そ り う
F B♭ C7
た ー ご え も た
か ー ら か に こ
こ ろ も い さ む よ そ
C7 F C7 F
り の あ そ び ヘイ
ジングルベル ジングルベル
す ず が なる

B♭ F G7 C7 F
きょうも たのしい そりの あそび オー!
ジングルベル ジングルベル

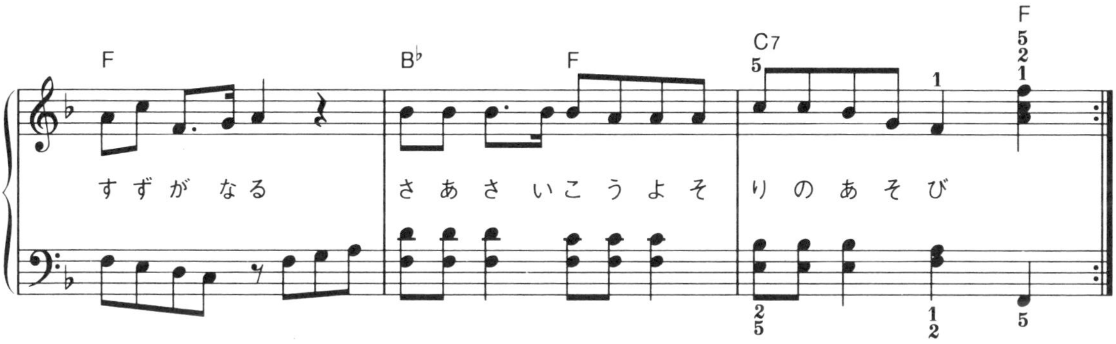
F B♭ F C7 F
すずが なる
さあさ いこうよ そりの あそび

●コード

F
C7
B♭
G7

●伴奏パターン

①
②
③

すうじのうた

作詞：夢虹二／作曲：小谷肇

♩=108
C F G(7)
C Am Em F (F♯dim)
1.すうじの いちは なーに こうばの えんとーつ
2.すうじの にーは なーに おいけの がちょーう
3.すうじの さんは なーに あかちゃんの おみーみ
4.すうじの しーは なーに かかしの ゆみーや
5.すうじの ごーは なーに おうちの かぎー よ
C G7
1.2.3.4.
C G(7)
5.
C
(右手)
(左手)

C Am Em F (F♯dim)
6.すうじの ろくは なーに たぬきの
7.すうじの しちは なーに こわれた
8.すうじの はちは なーに たなーの
9.すうじの くーは なーに おーたま
10.すうじの じゅうは なーに えんとつと
C G7 6.7.8.9. C G(7) 10. C
おなーか
ラッパー
ダルマー
じゃくーし
おつきさ ま
(右手)
(左手)

● コード

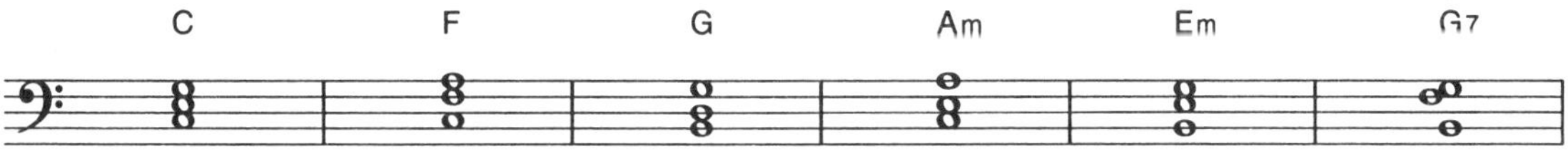
C F G Am Em G7

● 伴奏パターン

①
②
③

せんせいとおともだち

作詞：吉岡治／作曲：越部信義

♩=128
8va
C C7 F (F♯dim) G7
C G7 C
1.せんせいと おともだち せんせいと おともだち
2.せんせいと おともだち せんせいと おともだち
3.せんせいと おともだち せんせいと おともだち
C C7 F (F♯dim) G7 to Φ C
あーくしゅをしよう ギュギュギュ
あーいさつしよう おはよう
にーらめっこしよう メッメッ
Φ Coda
メッ
8va
C C7 F (F♯dim) G7 C

● コード

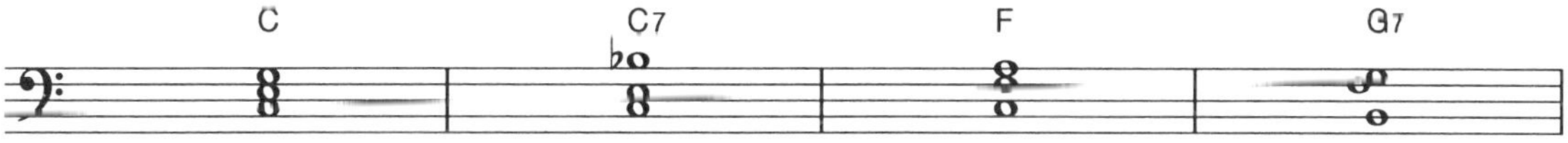

● 伴奏パターン

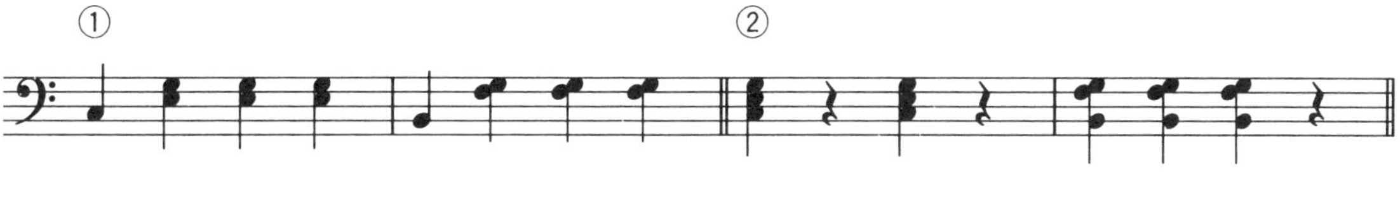

そうだったらいいのにな

作詞：井出隆夫／作曲：福田和禾子

♩＝112
C　Am　Dm(7)　G7　C　Am　Dm(7)　G7　C
C　C7　F　(F♯dim)　G　G7　C
そーうだったらいいのにな　そーうだったらいいのにな
C　Am　Dm　G7　C　C7　F　(F♯dim)
1.(𝄾) うちのおにわがジャングルでこいぬのたろーがライオンだ
2.チビッコギャングのおやぶんでおおきなゴリラがようじんぼう
3.サンタクローースつかまえてうちだけまいばんクリスマス
4.(𝄾) ママがこどもになっちゃってわたしがかわりにおかあさん
5.(𝄾) マホウつかいときょうだいでこまったときーは★ーーーーーー
そーうだったらいいのにな
そーうだったらいいのにな
そーうだったらいいのにな
そーうだったらいいのにな
そーうだったらいいのにな

G
1.2.3.4.
G7 C
5.
G7 C
そー うだっ た ら い いの にな
そー うだっ た ら い いの にな
そー うだっ た ら い いの にな
そー うだっ た ら い いの にな
そー うだっ た ら
い いの にな
C Am Dm(7) G7 C Am Dm(7) G7 C

❗【★ーーーーー】のところでは「チチンプイプイのプイ」など、好きなおまじないを唱えましょう。

● コード

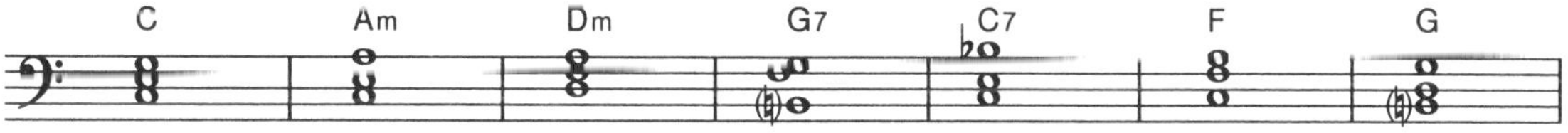

C Am Dm G7 C7 F G

● 伴奏パターン

①
②
③

たなばたさま

作詞：権藤はなよ／作曲：下総皖一

♩=100（うつくしく）
F F7 Gm7
B♭ F C7 F
F
1.さ さ の は さ ら さ ら
2.ご し き の た ん ざ く
F C7
の き ば に ゆ れ る
わ た し が か い た

F
Gm7
おお ほし さま きら きら
おお ほし さま きら きら
B♭
F
C7
F
きん ぎん すな ごる
そら から みて る
B♭
F
C7
F

● コード

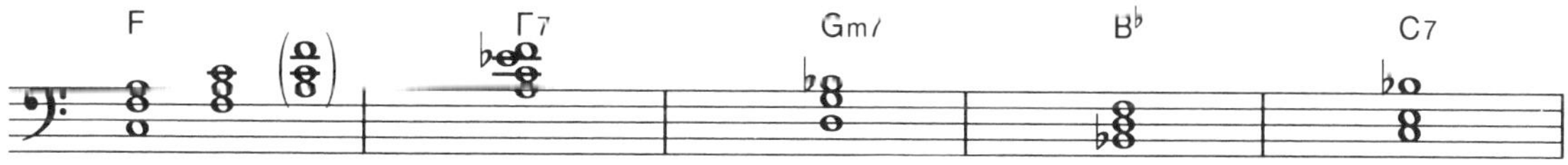
F
F7
Gm7
B♭
C7

● 伴奏パターン

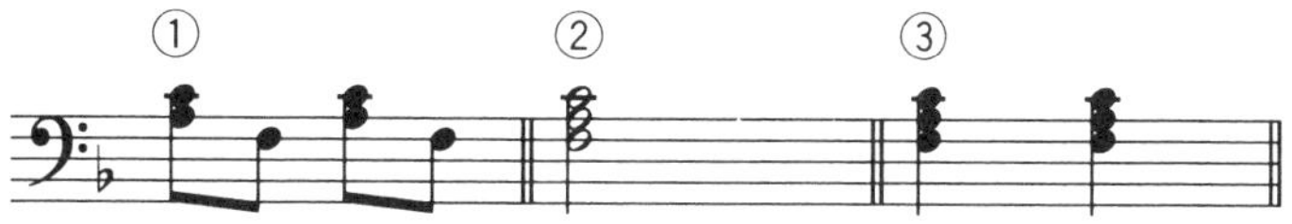
①
②
③

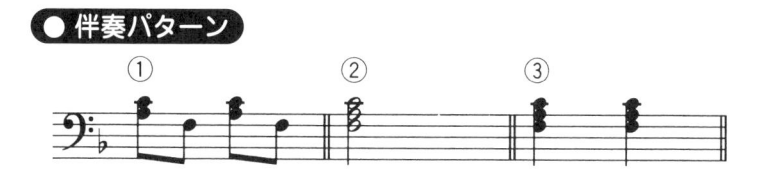

たのしいね

作詞：山内佳鶴子／作曲：寺島尚彦

（あかるく）
F
1.た のし いー
2.た のし いー
B♭ C7 F
ね (てびょうし) りょう て をあ わす と (てびょうし) た のし いー
ね (ラララン) くー ち をあ ける と (ラララン) た のし いー
B♭ C7 F Gm
ね (てびょうし) パチ ン とおとがす る (てびょうし) あなたのみぎて
ね (ラララン) いろ ん なこえがす る (ラララン) あなたのこえと
C7 F F7 B♭
わたしのひだりて あ わせ てみ よう (ほらね)
わたしのこえと あ わせ てみ よう (ほらね)

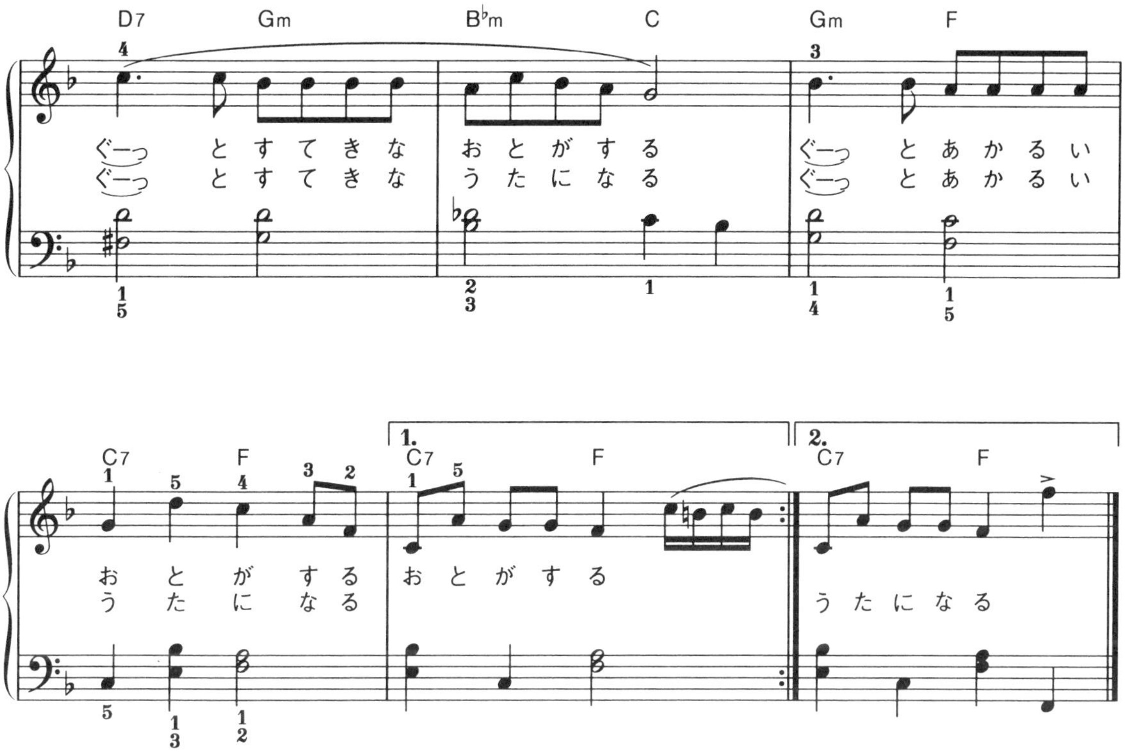
D7 Gm B♭m C Gm F
ぐーっ と す て き な お と が す る ぐーっ と あ か る い
ぐーっ と す て き な う た に な る ぐーっ と あ か る い
C7 F 1. C7 F 2. C7 F
お と が す る お と が す る
う た に な る う た に な る

●コード

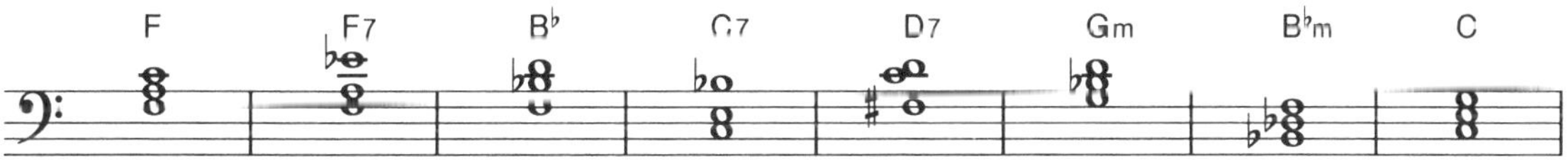
F F7 B♭ C7 D7 Gm B♭m C

●伴奏パターン

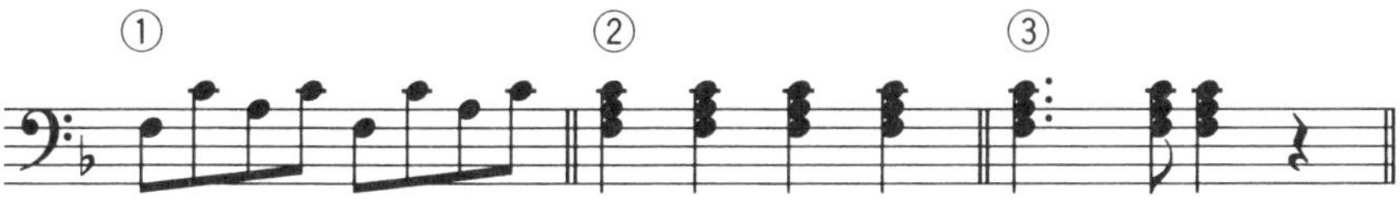
①
②
③

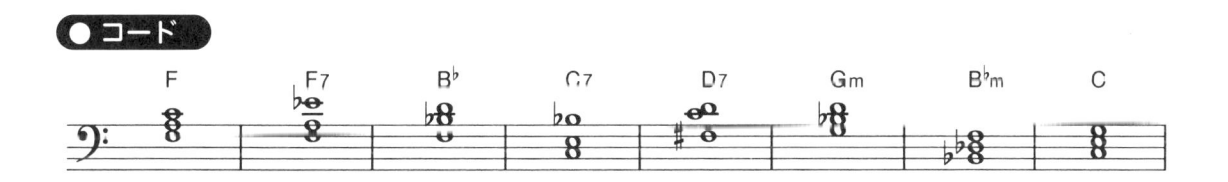

手をたたきましょう

作詞：小林純一／チェコスロバキア民謡

Allegro（明るく、元気に）

C F G7 C Dm C
1.2.3. て をーた たー き まーしょう タン タンタン タン タンタン
あ しーぶ みー し まーしょう タン タンタン タン タン タン タン
わ らいま しょう アッ ハッ ハッ わ らいま しょう アッ ハッ ハッ
お こりま しょう ウン ウン ウン お こりま しょう ウン ウン ウン
な きーま しょう エン エン エン な きーま しょう エン エン エン

C
F
G7
C Dm C
アッ ハッ ハッ
ウン ウン ウン
エン エン エン
アッ ハッ ハッ
ウン ウン ウン
エン エン エン
あ あ お も
し ろ い

●コード

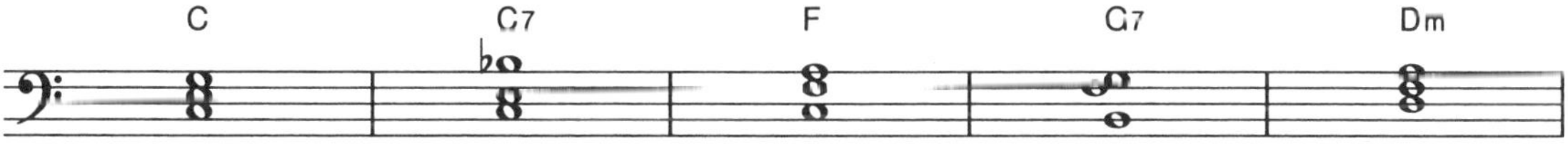
C
C7
F
G7
Dm

●伴奏パターン

①
②
③

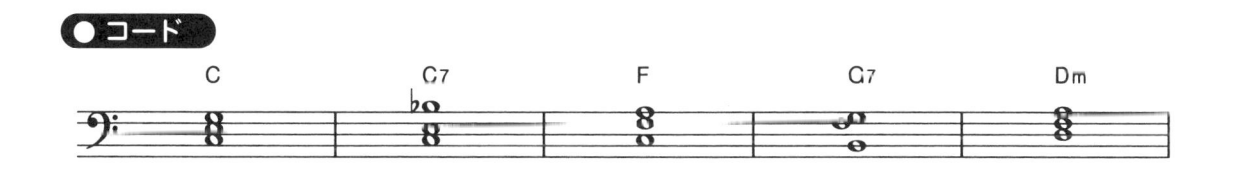

ドキドキドン！一年生

作詞：伊藤アキラ／作曲：桜井順

Allegretto（元気よく、うれしそうに）

C
C/G G7 C
C G7 C
1. サ ク ラ さ い た ら い ち ね ん せい
2. チョ ウ チョ と ん だ ら い ち ね ん せい
3. ヒ バ リ な い た ら い ち ね ん せい
C G7 C
ひ と り で い け る か な と な り に す わ る こ
カ バ ン は お も い か な ね む た く な っ た ら
ぼ う し は に あ う か な あ め の ひ か ぜ の ひ
G7 C G7 C
い い こ か な と も だ ち に な れ る か な
ど う し よ う きゅ う しょ く は う ま い か な
へ い き か な べ ん きょ う も す る の か な

❗ 左手の のリズムに気をつけて弾きましょう。イントロとエンディングは同じように弾いてください。

Am Em
だれでもさいしょは いちねんせい
みんなもおんなじ いちねんせい
しんぞうおさえて いちねんせい
(いちねんせい)
Am D7
ドキドキするけど ドーンとい け
C C/G G7 C
ド キ ド キドン! いちねんせい ド キ ド キドン!
1.2.
C/G G7 C
いちねんせい
C Dm E7 Dm7 G7
3.
C/G G7 C
いちねんせい
C

※コード、伴奏パターンはP.189にあります。

とけいのうた

作詞：筒井敬介／作曲：村上太朗

1.2. コ チ コ チカッ チン
おとけいさーん
コ チ コ チカッ チン
うごいてる
こ ど も の は り と お と な の は り と
こ ど も が ぴょ こ り お と な が ぴょ こ り
こんにちは
さようなら
コチコチカッ チン

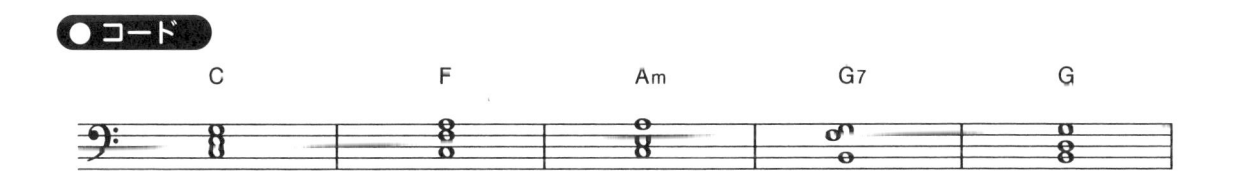

● コード

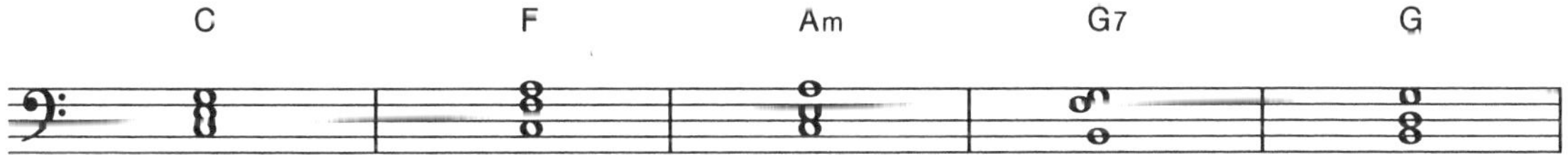

● 伴奏パターン

となりのトトロ

作詞：宮崎駿／作曲：久石譲

♩= 115
F
C7
C♯dim
Dm
ト トロ ト ト ーロ
ト トロ ト ト ーロ
B♭M7
C/B♭
Am7
Dm
Gm7
C7
F
C/E
Dm
Am/C
1.だ れ か が ー こ っ そ り ー
2.あ め ふ り ー バ ス て い ー
B♭
B♭m
B♭/C
C7
こ み ち に こ ー の み う ず め て
ズ ブ ヌ レ オ ー バ ケ が い た ら
F
C/E
Dm
Cm
D7
ちっ さ な め ー は え た ら ー
あ な た の ー あ ま ガ サ ー

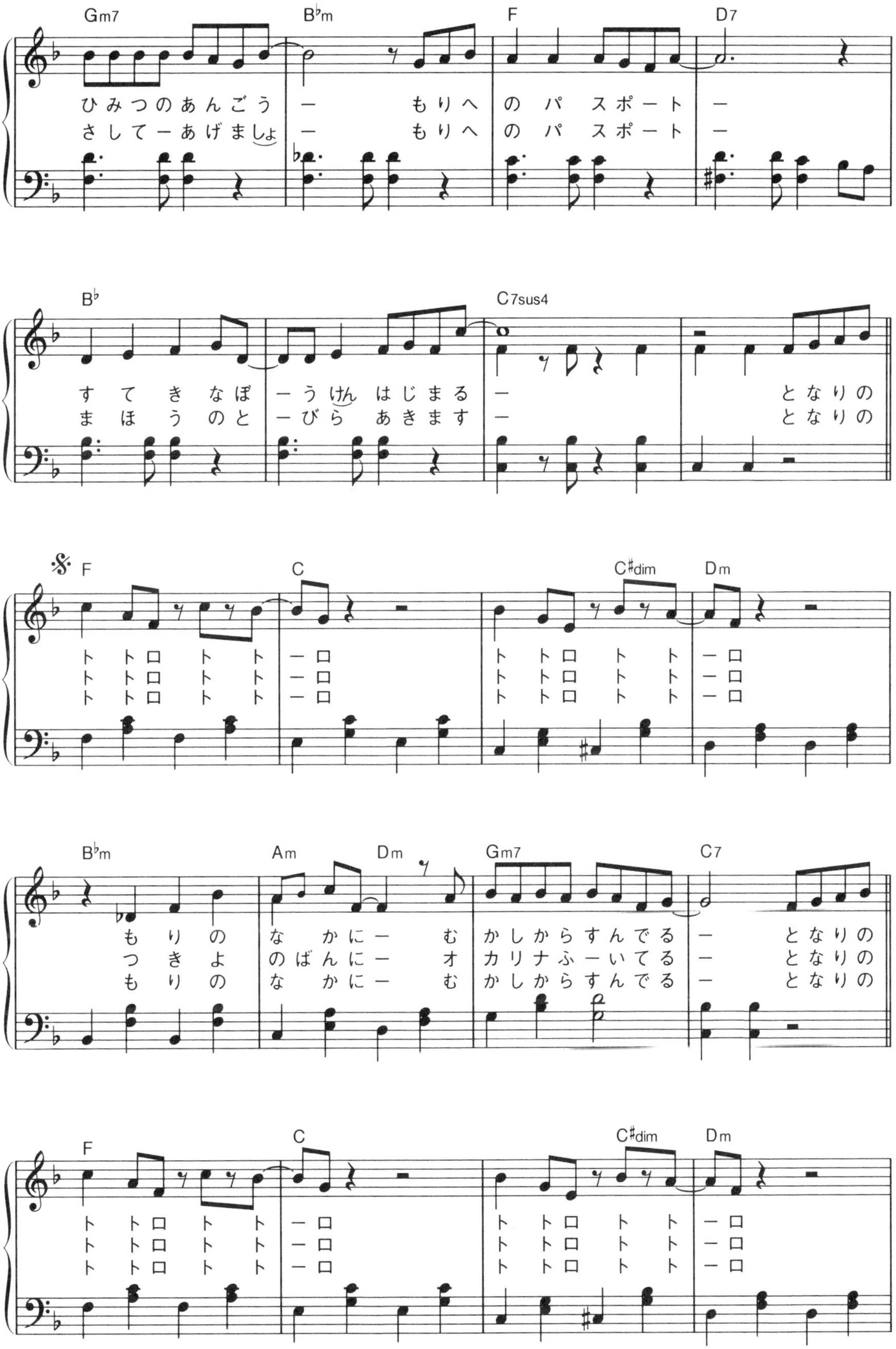

Gm7 B♭m F D7
ひみつのあんごう ー もりへ の パ スポート ー
さしてーあげましょ ー もりへ の パ スポート ー
B♭ C7sus4
すてきなぼ ーうけん はじまる ー となりの
まほうのと ーびら あきます ー となりの
F C C♯dim Dm
トトロ トト ーロ トトロ トト ーロ
トトロ トト ーロ トトロ トト ーロ
トトロ トト ーロ トトロ トト ーロ
B♭m Am Dm Gm7 C7
もりの なかにー む かしからすんでる ー となりの
つきよ のばんにー オ カリナふーいてる ー となりの
もりの なかにー む かしからすんでる ー となりの
F C C♯dim Dm
トトロ トト ーロ トトロ トト ーロ
トトロ トト ーロ トトロ トト ーロ
トトロ トト ーロ トトロ トト ーロ

B♭7 C/B♭ Am7 Dm B♭ B♭/C
こどものときにだけあなたにおとずれるー
もしもあえたなーらすてきなしあわせがー
こどものときにだけあなたにおとずれるー
to Φ 1. 2.
B♭/C F B♭/C C7 F
ふしぎなであい
あなたにくるわ
ふしぎなであ
D.S.
Φ Coda
F C7 C♯dim Dm
(い)
トトロトトーロ
トトロトトーロ
C/B♭
B♭M7 Am7 Dm Gm7 C7 FM7

❗ 左手のリズムがくずれないように注意して、また全体を通して一定のテンポで弾きましょう。

※コード、伴奏パターンはP.189にあります。

トマト

作詞：荘司武／作曲：大中恩

♩= 78
F Gm F F Gm
1. ト マ トっ て
2. ト マ トっ て
Gm C7 Am Dm
かわいいなまえだ ね うえからよんでも トマト
なかなかおしゃれだ ね ちいさいときには あおいふく
Dm Gm F Gm F
したからよんでも トマト
おおきくなったら あかいふく

● コード

F
Gm
Am
C7
Dm

● 伴奏パターン

①
②

ともだちになるために

作詞：新沢としひこ／作曲：中川ひろたか

F C G C G
き み と き み と きみと　きみと きみと きみと きみと　こ れ か ら で あ
F C F C G C
う た く さんの ー　き み と き み と きみと　きみと ともだ ち
D.S.①②

● コード

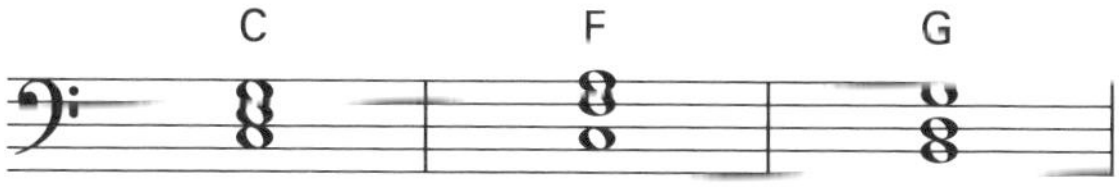
C F G

● 伴奏パターン

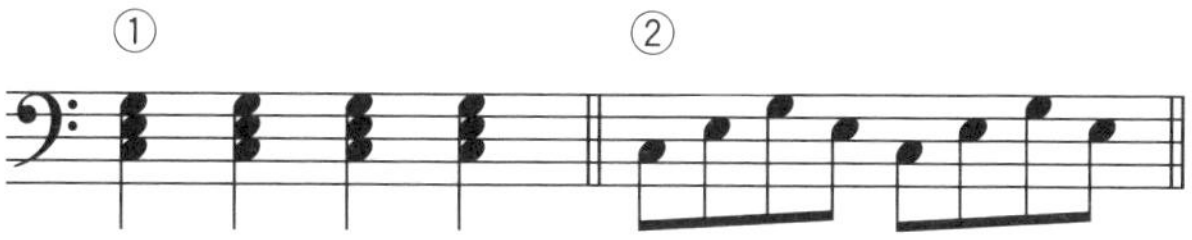
①
②

友だちはいいもんだ

作詞：岩谷時子／作曲：三木たかし

C Am F G7 C F
1.2. とも だ ちはいいもん
C Am B Em A7 Dm G7
だ めと めでものが いえる んだ こまっ た ときは ちか
いい たいことが かなし い ときは はげ
C D G7 C
らをかそう えん りょは いらな い いつ でもー どこ
ましあおう ここ ろは ひとつ さ おと なにー なっ
Caug F Fm C
でもー きみをみて る よ あい を ここ
てもー わすれはしな い ゆめ を だい

A7 Dm G7 C C
ろにー き みと あるこう ー ー
じにー き みと すすもう ー ー
みんなはひとりの
Dm G7 C A7
ためにひとりはみんなのためにみんなはひとりの
F Fm C G7 C F Fm C
ためにひとりのために

❗【Caug】はC、【Dm】はFのコードでも弾けます。

●コード

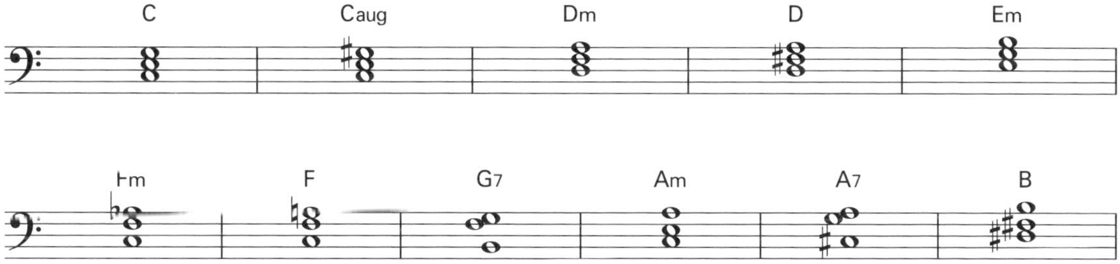
C Caug Dm D Em
Fm F G7 Am A7 B

●伴奏パターン

①
②

ドレミのまほう

作詞：野田薫／作曲：森若香織

♩= 141（ワクワクした気持ちで）

C Dm/A C/G F C/E Dm G/B C
C
C C
1. まほうのあいずだ ドレミ
2. まほうのあいずだ ドレミ
Dm
さあめをさまして どんなゆーめも
さあてをつないで たのしいーこと

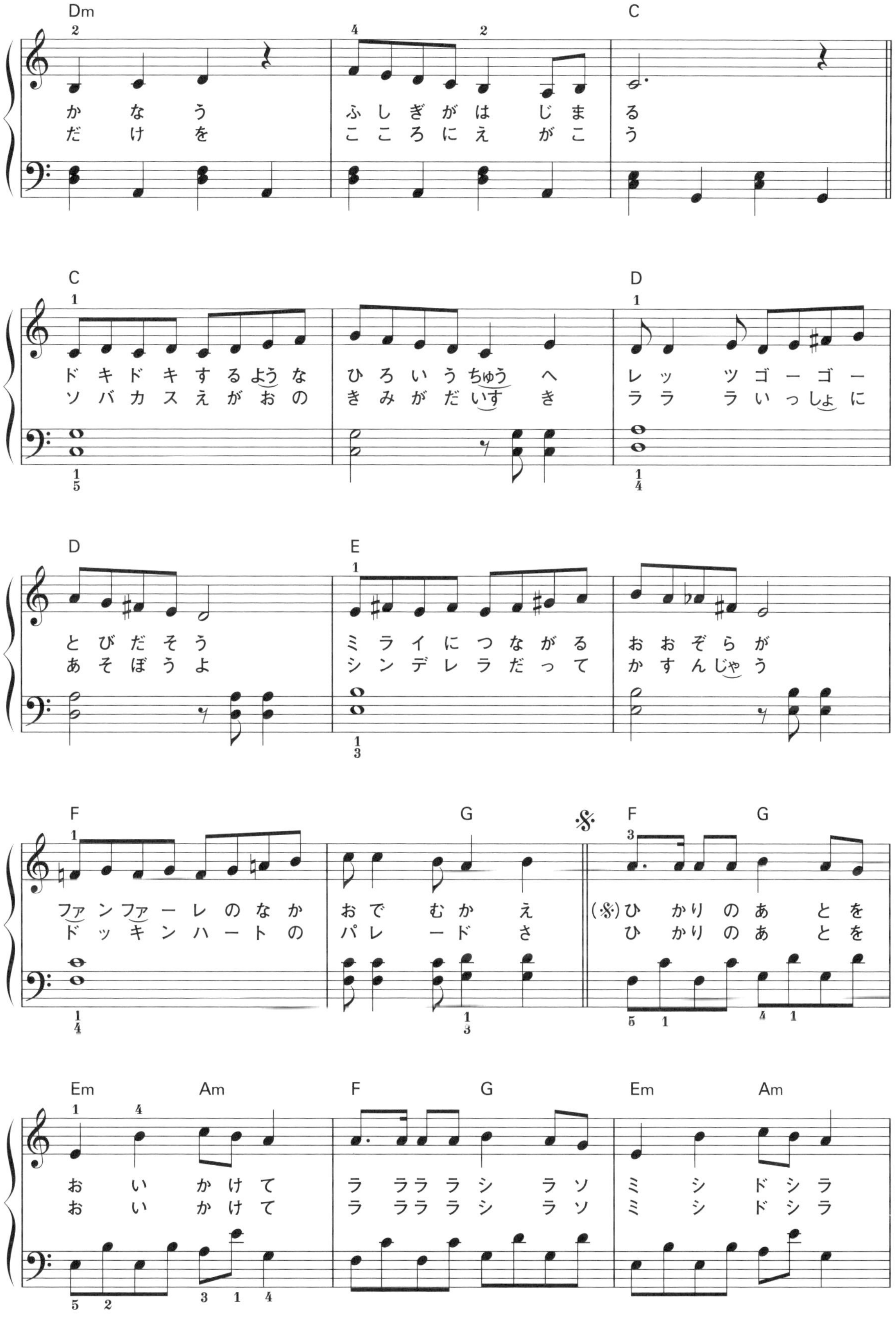
Dm
C
かなう
ふしぎがはじまる
だけを
こころにえがこう
C
D
ドキドキするような
ひろいうちゅうへ
レッツゴーゴー
ソバカスえがおの
きみがだいすき
ラララいっしょに
D
E
とびだそう
ミライにつながる
おおぞらが
あそぼうよ
シンデレラだって
かすんじゃう
F
G
F
G
ファンファーレのなか
おでむかえ
(𝄋)ひかりのあとを
ドッキンハートの
パレードさ
ひかりのあとを
Em
Am
F
G
Em
Am
おいかけて
ラララララシラソ
ミシドシラ
おいかけて
ラララララシラソ
ミシドシラ

F G Em Am F G
to Coda
すてきなメロディーはドレミのまほ
うきうきメロディーはドレミのまほ
1. C
う
2. C
う
D.S.
Coda
Am
う
F G C Dm/A
ドレミのまほう
C/G F C/E Dm G/B C

❗ 大きな声で元気良く、楽しい気持ちで歌ってください。

※コード、伴奏パターンはP.190にあります。

どんぐりころころ

作詞：青木存義／作曲：梁田貞

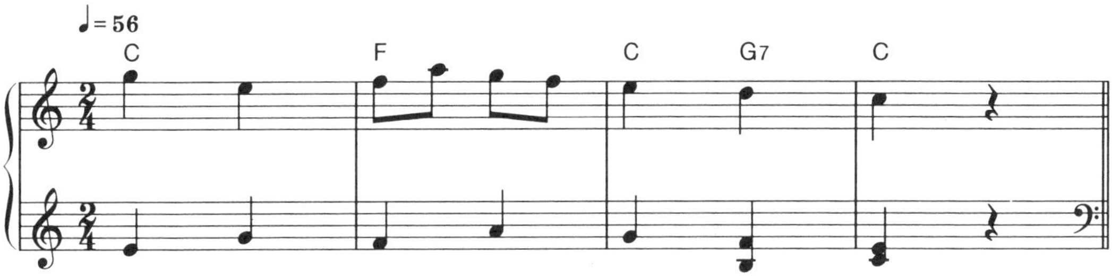
♩=56
C F C G7 C

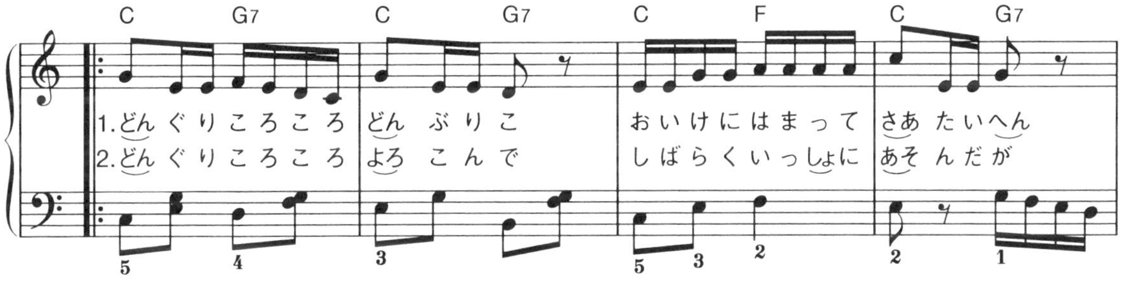
C G7 C G7 C F C G7
1.どんぐりころころ どんぶりこ おいけにはまって さあたいへん
2.どんぐりころころ よろこんで しばらくいっしょに あそんだが

C G7 C G7 C F C (Dm) F G7 C
どじょうがでてきて こんにちは ぼっちゃんいっしょに あそびましょう
やっぱりおやまが こいしいと ないてはどじょうを こまらせた

●コード

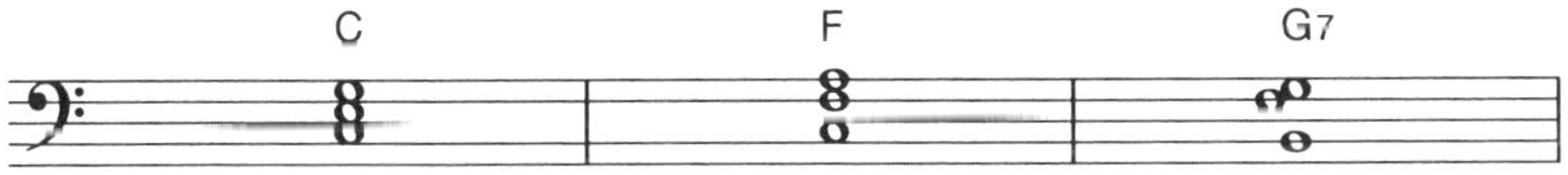
C F G7

●伴奏パターン

①
②

とんでったバナナ

作詞：片岡輝／作曲：桜井順

♩=134
8va
C F C F G C (C7)
1.バナナがいっぽん ありました あおいみなみの そらのした
2.ことりがいちわ おりました やしのこかげの すのなかで
3.きみはいったい だれなのさ ことりがバナナを つつきます
4.ワニがいっぴき おりました しろいしぶきの すなはまで
5.ワニとバナナが おどります ボンボコツルリン ボンツルリ
6.おふねがいっそう うかんでた おひげはやした せんちょうさん
F G A D D7 G
こどもがふたりで とりやっこ バナナはツルンと とんでった バナナ
おそらをみあげた そのときに バナナがツルンと とびこんだ はね
これはたいへん いちだいじ バナナがツルンと にげだした たべ
おどりをおどって おりますと バナナがツルンと とんできた おひ
あんまりちょうしに のりすぎて バナナはツルンと とんでった バナナ
グーグーおひるね いいきもち おくちをポカンと あけてたら バナナ

F C D G C
1.2.3.4.5.
D G C
ナ はど こへ いっ たかな バナナンバナナン バ ナアナ
も ない のに ふん わりこ バナナンバナナン バ ナアナ
ら れちゃう なんて やな こった バナナンバナナン バ ナアナ
さ まにこ にこ いい てんき バナナンバナナン バ ナアナ
ナ はど こへ いっ たかな バナナンバナナン バ ナアナ
ナ がスポ ンと とび こんだ
2

6.
C F C (E♭dim) C F (Fm) C
モグモグモグモグ たべちゃった た べちゃった たべちゃった

● コード

C C7 D D7 G F A

● 伴奏パターン

①
②

どんないろがすき

作詞／作曲：坂田修

♩=128（あかるくたのしく）♫=♩♪(3)
C D G C G 𝄋 G
1.どんないろがすき
2.どんないろがすき
3.どんないろがすき
4.どんないろがすき
G D Em D C C♯m(♭5)
「あか」 あかいいろがすき いちばんさきに
「あお」 あおいいろがすき いちばんさきに
「きいろ」 きいろいいろがすき いちばんさきに
「みどり」 みどりいろがすき いちばんさきに
G B Em Am7 D to Φ 1.3. G C G 2. G C G
なくなるよ あかいクレヨン
なくなるよ あおいクレヨン
なくなるよ きいろいクレヨン
なくなるよ みどりのクレヨン
C C♯m(♭5) G B7 Em7 Am D G C C/D
D.S.

Coda
G C G G C Am D
ン いろ いろ いろ いろ いろんないろがあ
G D G G C Am D D7/F♯
るーー いろ いろ いろ いろ いろんないろがあ
G E♭7 A♭
る 5.どんないろがすき 「ぜんぶ」 ぜんぶのいろがす
E♭ D♭ Dm(♭5) A♭ C Fm B♭m E♭
き みんないっしょに なくなるよ ぜんぶのクレヨ
A♭ B♭m7 E♭7 A♭ D♭ A♭
ン

※コード、伴奏パターンはP.190にあります。

にじ

作詞：新沢としひこ／作曲：中川ひろたか

B♭ F Gm Dm E♭ B♭ C7 F
B♭ Gm Dm E♭ B♭ C7 F
1.に わ のシャベルがー いちにちぬれてー あめがあがってー
2.せ ん た く ものがー いちにちぬれてー かぜにふかれてー
3.あのこの えんそくー いちにちのびてー なみだかわいてー
くしゃみをひとつー
B♭ Gm Dm E♭ B♭ F
くもがながれてー ひかりがさしてー みあげてみればー ラ ラ ラ
B♭ F Gm F E♭ B♭ C7 F
にじがにじが ー そらにかかってー きみのきみの ー きぶんもはれてー

❗  は  と同じ意味です。

● コード

● 伴奏パターン

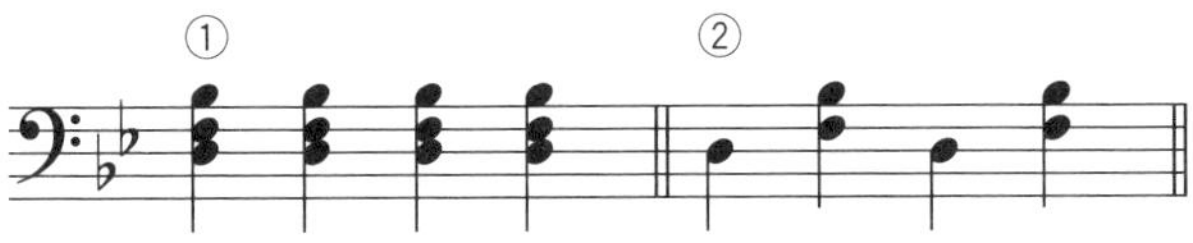

にじのむこうに

作詞／作曲：坂田修

♩=139
Gsus4 G Gsus4 G
C Em F Em
あめがあが ったよ おひさまが でてきたよ あ
Dm G7 C Em7/B A7 A7/C♯ Dm7 G7 to Φ C
おいそらの むこ うにはにじ がかかったよ ー
C Em F C Dm E
さがしに ゆこうー ぼくらのゆめ を にじのむ
とてをつ なげばー げんきがでるのさ ー ま ほうみた
2nd time

※コード、伴奏パターンはP.190にあります。

はじまるよ はじまるよ

作詞／作曲：不詳

G D7
1 2 1 2 3
G D7 G
1.～5.
はじまるよ はじまるよ はじまるよったら はじまるよ
G D7 G
いちと いちで にんじゃだ よ ドロン
にーと にーで かにさんだ よ チョキン
さんと さんで ねこのひ げ ニャーオ
よんと よんで たこのあ し ヒューン
ごーと ごーで てはおひ ざ

❗ イントロ（前奏）部分を間奏に使用しても良いでしょう。

●コード

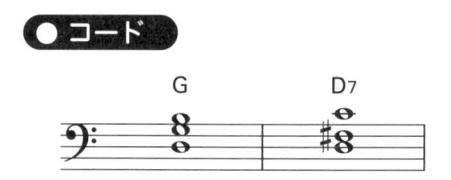

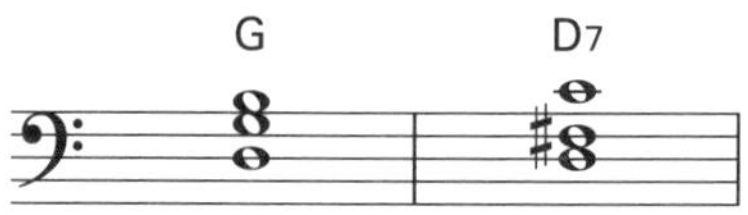

G
D7

●伴奏パターン

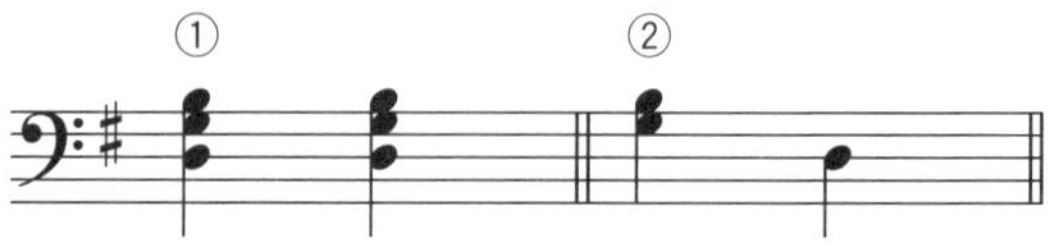

①
②

はたらくくるま1

作詞：伊藤アキラ／作曲：越部信義

Medium Fast（あかるくげんきに）

G Am7 G
G7 C C/B Am7 D7
G Am/G
のりもの あつまれー いろんな くるまー
G C D G C/G G
どんどん でてこい はたらくくるま ー

G
1.はがきやおてがみ あつめるゆうびん しゃ (ゆう びんしゃ)
2.じどうしゃいっぱい はこべるカーキャリ ア (カー キャリア)
3.おもたいにもつを あげさげフォークリフ ト (フォークリフ ト)
C
まちじゅうきれいに おそうじせいそう しゃ (せい そう しゃ)
ひっこしにもつは おまかせパネルバ ン (パネ ルバ ン)
じめんのでこぼこ たいらにブルドー ザー (ブル ドー ザー)
G
けがにんびょうにん いそいできゅうきゅう しゃ (きゅう きゅう しゃ)
こわれたくるまを うごかすレッカー しゃ (レッ カー しゃ)
おおきないしでも らくらくショベルカ ー (ショベ ルカ ー)
D7 G G7
ビルのかじには はし ごしょうぼう しゃ
ガソリンまんたん はいたつタンクロー リー
ジャリをいっぱい つみこむダン プカ ー
C Bm7 E7
いろん な くるまがー あるん だ なぁ

Am7
A7
D7
いろんな おしごとー あるんだ なぁ
G
Em
Am7/D
G
1.2.
はしる はしる はたらくくるまー
3.
G
G
Em
Am7/D

❶ 右手のリズムを崩さないように、一定のテンポで弾きましょう。
右手の指使いに注意して弾きましょう。

● コード

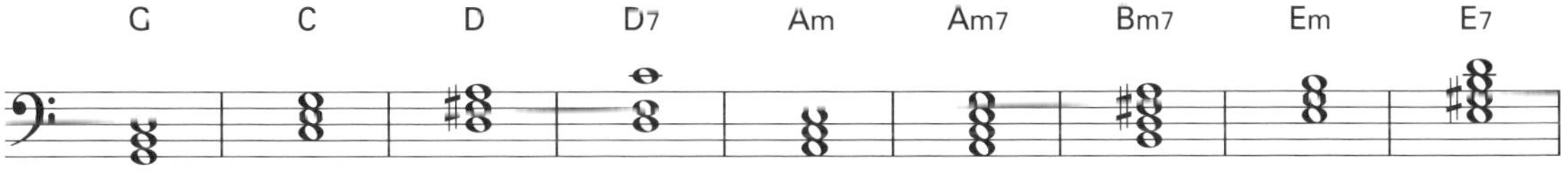
G
C
D
D7
Am
Am7
Bm7
Em
E7

● 伴奏パターン

①
②
③

ハッピーチルドレン

作詞：新沢としひこ／作曲：中川ひろたか

♩= 120
(D.C. time 8va
C Dm G7 C
Dm G7 C
) to
C Dm
1. そ れは ふ し ぎ な
2. そ れは ふ し ぎ な
G7 C Dm G7
ま ほう の ち か ら ぼ くと は な す と し あわ せ
ま ほう の ち か ら わ たし を み る と し あわ せ
C Dm G7 C
に な る だ れで も い い さ み みを か し な よ
に な る ちょ っと み て て よ じょ うず に スキ ッ プ

C Dm G7 C
ほ っぺ ゆ る ん で わ らい た く なる ハッ ピー ハッ
き っとい っしょに お どり た く なる ハッ ピー ハッ
Dm G7 C Dm
ピー ハッ ピー チ ル ドレン ハッ ピー チ ル ドレン
ピー ハッ ピー チ ル ドレン ハッ ピー チ ル ドレン
G7 C Dm G7
おこりんぼ は どこ ハッ ピー ハッ ピー ハッ ピー チ
いばりんぼ は どこ ハッ ピー ハッ ピー ハッ ピー チ
C Dm G7 1. C
ル ドレン ハッ ピー チ ル ドレン さみしがり は だれ
ル ドレン ハッ ピー チ ル ドレン へそまがり は
2. G7 C
だれ
D.C.
Coda
(8va) D D
ハッ ピー ハッ

Em
A7
D
Em
ピー ハッピー チ ルドレンハッ ピー チ ルドレン
A7
D
Em
ぼくらをみて ごらん ハッ ピー ハッ ピー
A7
D
Em
A7
ハッピー チ ルドレンハッ ピー チ ルドレン けんかは
A7
D
ー ー ー おし まい

❗ 曲の途中でハ長調から二長調に転調します。二長調はファ・ドの音に#が付くので注意です。

※コード、伴奏パターンはP.191にあります。

はをみがきましょう

作詞／作曲：則武昭彦

Allegretto
F C G7 C G7 C
1. は をみ が
2. は をみ が
C F C G7 C F C
き ましょう シュッシュッ シュッ ブ ラシ の た いそ う おいちに
き ましょう シュッシュッ シュッ こ ろこ ろ う がい を ほ らね
1. 2.
F C F C G7 C G7 C
おい ちに じょう ぶ な は にな れ シュッシュッ シュッ
ほ らね まっ しろ い は にな れ シュッシュッ シュッ

● コード

C
F
G7

● 伴奏パターン

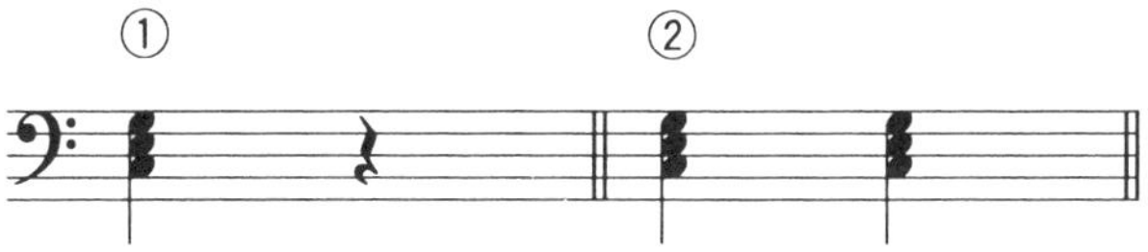
①
②

ふしぎなポケット

作詞：まど・みちお／作曲：渡辺茂

♩= 86～96
G
G
ポケットのなかにはビスケットがひとつ
もひとつたたくとビスケットがみっつ
Am
D7
ポケットをたたくとビスケットはふたつ
たたいてみるたびビスケットはふえる
Meno mosso
G
そんなふしぎなポケットがほしい

Meno mosso…いままでより遅く

●コード

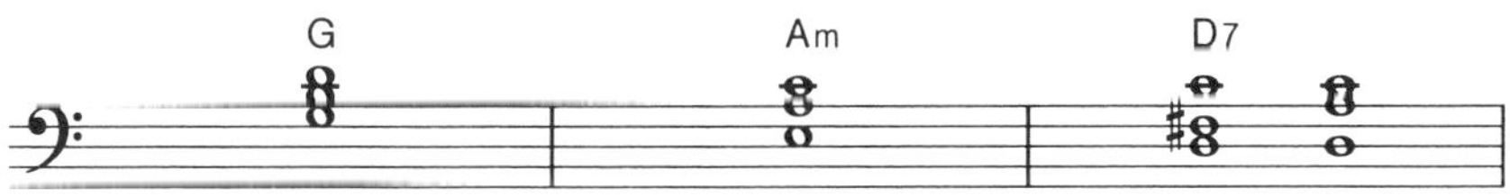

●伴奏パターン

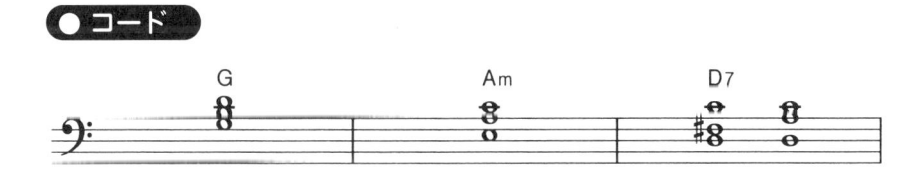

ポカポカおひさまありがとう

作詞／作曲：長谷川久美子

♩=106（みんなでなかよく）
C　Dm　G7　C
C　Dm　G7　C
1.ポ カ ポ カ　お ひ さ　まー　い い　て んー　きー
2.ポ カ ポ カ　お ひ さ　まー　い い　き もー　ちー
Am　Dm　G7　C
あ っ た か　お ひ さ　まー　あ り が と う　ー
あ っ た か　お ひ さ　まー　あ り が と う　ー
FM7　Em7　Dm7　CM7
ま ぶ し い ー　ひ ざ し を ー　あ び な がー ら　ー
き れ い な ー　く う き を ー　す い こ ん で　ー

FM7 Em7 D7 CM7
みんなでー なかよくー あそぼうよ ー
みんなでー いっしょにー うたおうよ ー
C Dm G7 C
こいぬも こねこ もー みーんな なかー まー
さかなも とりた ちもー みーんな いきて るー
Am Dm G7 C
みどりの ちきゅう をー まもりたい ー
ちいさな いのち をー まもりたい ー
C Dm G7 CM7
rit.

❗ 左手の八分刻みの伴奏が重たくならないように弾きましょう。

※コード、伴奏パターンはP.191にあります。

ぼくのミックスジュース

作詞：五味太郎／作曲：渋谷毅

♩=130（ゆかいに）
F
G♭
G
D7 G
C
C
simile
5
1.おはようさんーの おおごえと
2.ともだちなかよし うたごえと
3.あのねーそれでねの おはなしと
G7/B
C
F/C
キラキラキラーの おひさまと それにゆうべの こわいゆめ
スカットはれーた おおぞらと それにけんかの べそっかき
ほんわかおふろの いいきもちと それにひざこぞうの すりきずを
C
G/B
C
C/E
Ddim
C7
みんなミキサーに ぶちこんで あさは
みんなミキサーに ぶちこんで ひるは
みんなミキサーに ぶちこんで よるは

F
C
ミックスジュース ミックスジュース ミックスジュース
ミックスジュース ミックスジュース ミックスジュース
ミックスジュース ミックスジュース ミックスジュース
F F/E♭ B♭/D B♭m/D♭ C
1.2.
C7
こいつをググッと のみほせば きょうはいいこと あるかも
こいつをググッと のみほせば なんでもかんでも いいちょう
こいつをググッと のみほせば あとはぐっすり
F C7 F
3.
C7 F C7 F
ね
し
ゆめのなか
3
3

❗【C/E・Ddim】はC、【F/E♭・F/C】はF、【G・D7・G(7)/B】はG7、【B♭/D・B♭m/D♭】はB♭のコードで伴奏してください。

●コード

C
C7
F
G♭
G7
B♭

●伴奏パターン

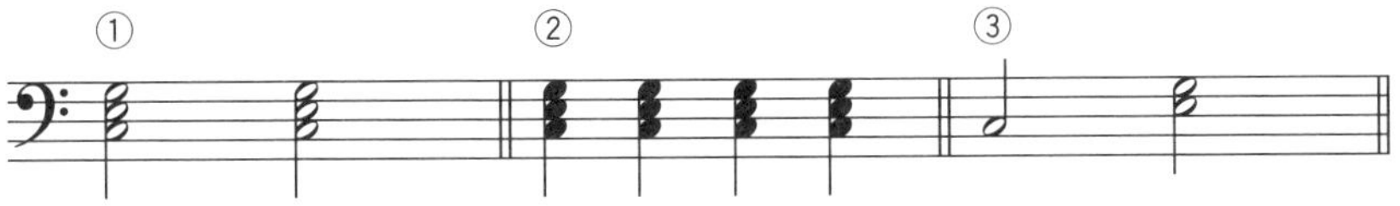
①
②
③

ほっかほかのほ

作詞：水谷龍二／作曲：水谷由美子

❗ イントロの前に2小節、Dのコード（伴奏パターン2）を足して弾いても良いでしょう。

● コード

● 伴奏パターン

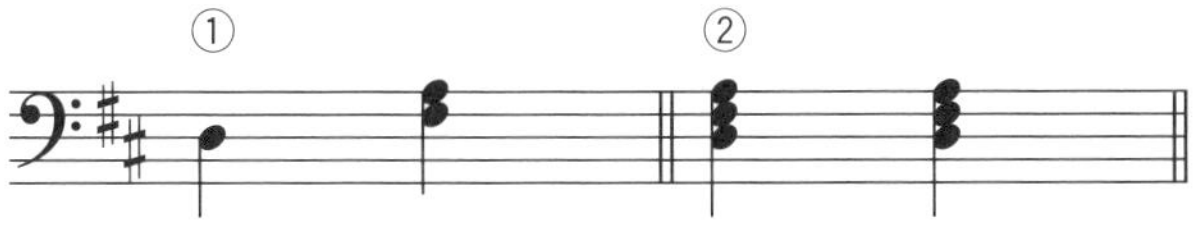

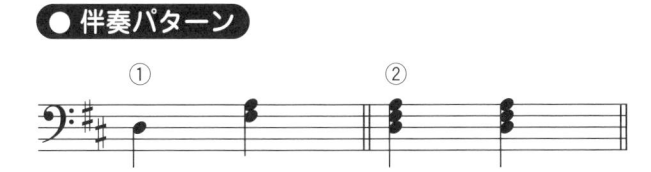

ホ！ホ！ホ！

作詞：伊藤アキラ／作曲：越部信義

♩=135 (ようきに)
C E7 F D7 G7
C Am
1.たのしい メロディー わすれた ときはー
2.あいたい ひとにー あいたい ときはー
Dm G G7 C
よーんでみ ようよー あおぞらにー
よーんでみ ようよー そのなまえー
C Am
ホ! ホ! ホ! ホ! ユレユレユレユレ ホ! ホ! ホ! ホ! ユレユレユレユレ
ホ! ホ! ホ! ホ! ユレユレユレユレ ホ! ホ! ホ! ホ! ユレユレユレユレ
Dm C B Em G7
かえって くるよー あーのメロ ディーーがー
かえって くるよー あーのほほ えみーがー

C
Am
ホ! ホ! ホ! ホ! ユ レユ レユ レユ レ ホ! ホ! ホ! ホ! ユ レユ レユ レユ レ
ホ! ホ! ホ! ホ! ユ レユ レユ レユ レ ホ! ホ! ホ! ホ! ユ レユ レユ レユ レ
Dm
D♯dim
C/E
G7
1.
C
よ んで み よ うー よー あ お ぞ らー に ー
よ んで み よ うー よー そ の な まー え
C
Am
C
Am
Dm
D
C/G
G7
2.
C
ー
Am
Dm
C/G
G7
C

※コード、伴奏パターンはP.191にあります。

またあした

作詞／作曲：長谷川久美子

F G7 Em7 Am
ラ ラ ラン ラン ラ ラン ラ ラ ラン ラン ラン
F G7 C C7
ま た あ ー し た
Fmaj7 G7 Em7-5 A7
ラ ラ ラン ラン ラン ラン ラン じゃ あ ね
Dm7 G7 C 8va
さ よ う な ら

❶ 全体的にやさしく演奏しましょう。右手のメロディは1オクターブ下を歌ってください

●コード

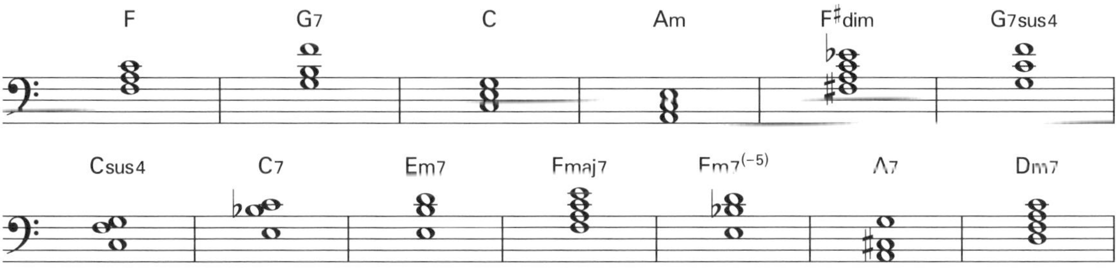
F G7 C Am F♯dim G7sus4
Csus4 C7 Em7 Fmaj7 Em7(−5) A7 Dm7

●伴奏パターン

①
②
③

まつぼっくり

作詞：広田孝夫／作曲：小林つや江

Andante（やさしく）
F F C7 F
F C7
まつぼっくりが あったとさ
F C7 F B♭
たかいおやまに あったとさ ころころ
F C7 F
ころころ あったとさ おさるが

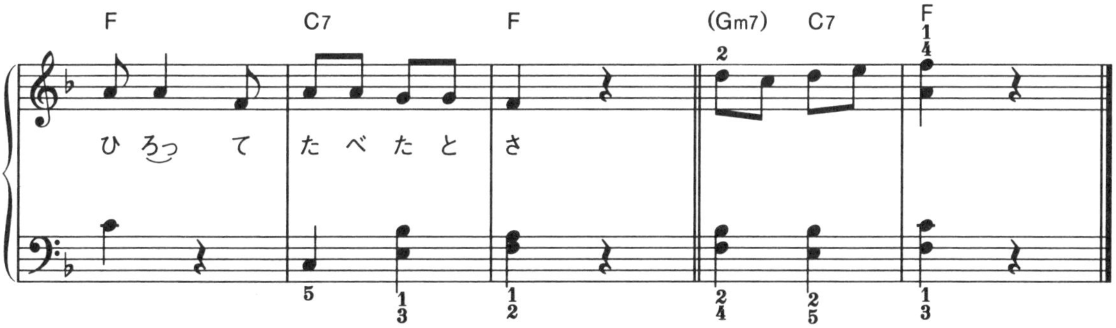

● コード

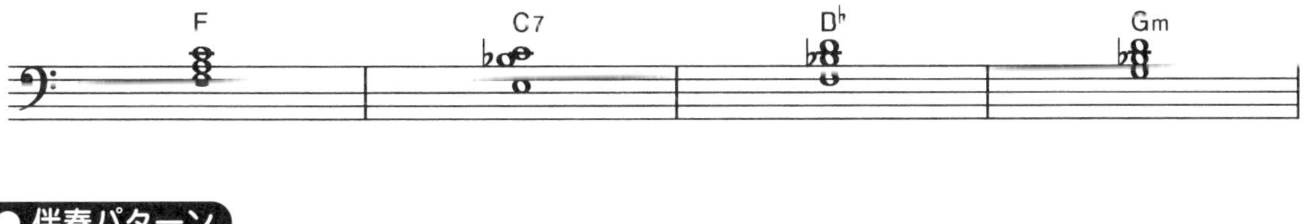

● 伴奏パターン

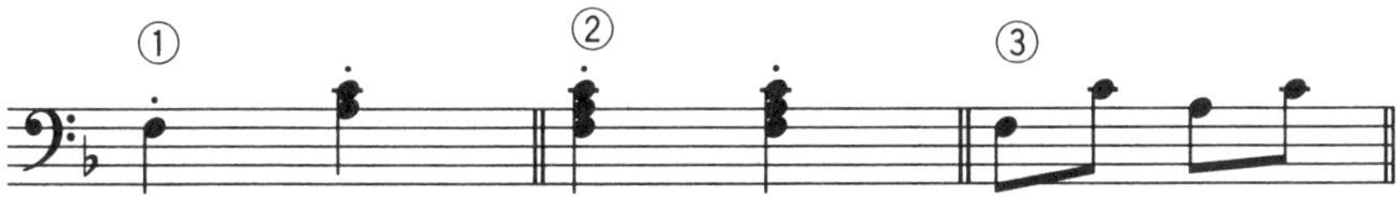

まめまき

作詞／作曲：日本教育音楽協会

♩=100
C F (F♯dim) C G7
C F C
1. お に は そ と
2. お に は そ と
C F C F C
ふ く は う ち
ふ く は う ち
ぱらっ ぱらっ
ぱらっ ぱらっ
Am(7) D G7 C
ぱらっ ぱらっ ま め の お と お に は
ぱらっ ぱらっ ま め の お と は や く

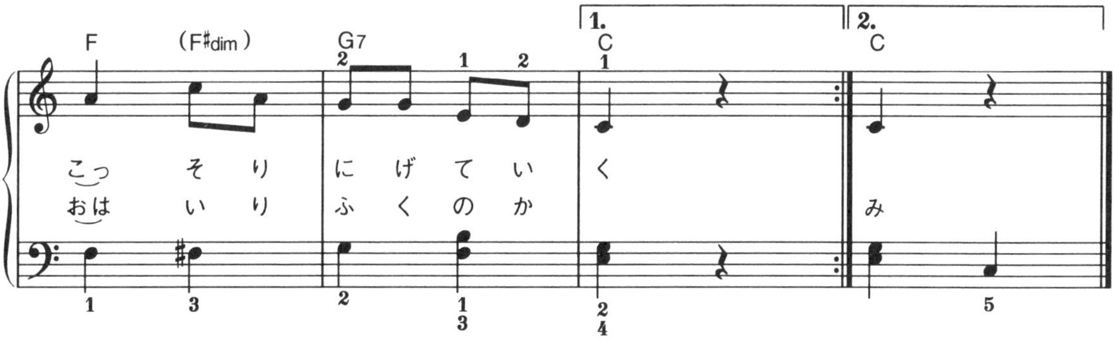
F (F♯dim) G7 1. C 2. C
こっ そ り に げ て い く
おは い り ふ く の か み

● コード

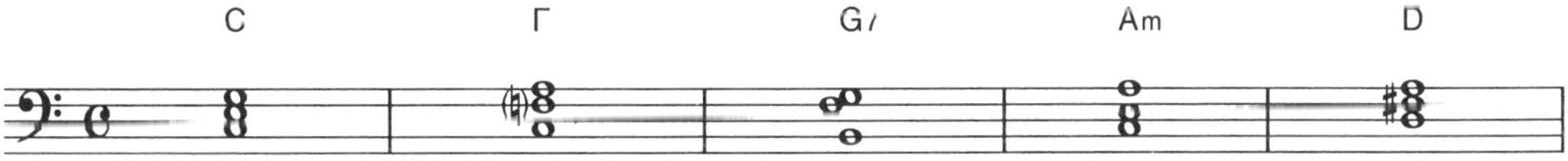
C F G7 Am D

● 伴奏パターン

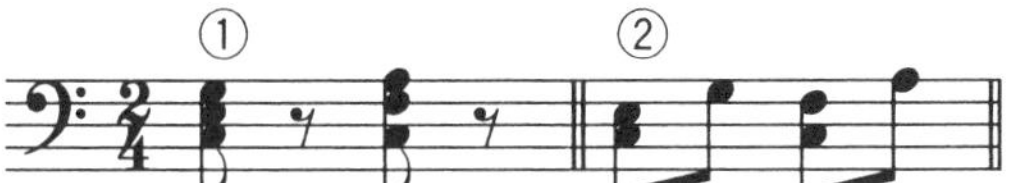
①
②

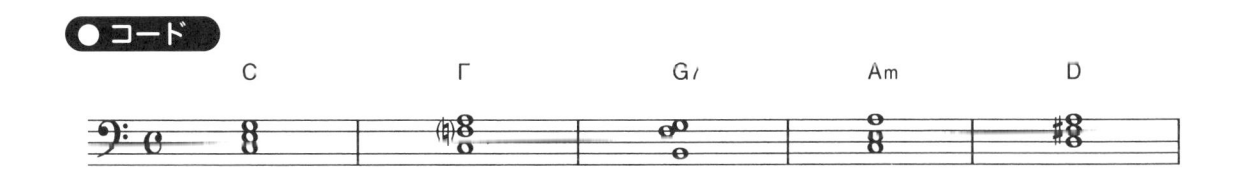

南の島のハメハメハ大王

作詞：伊藤アキラ／作曲：森田公一

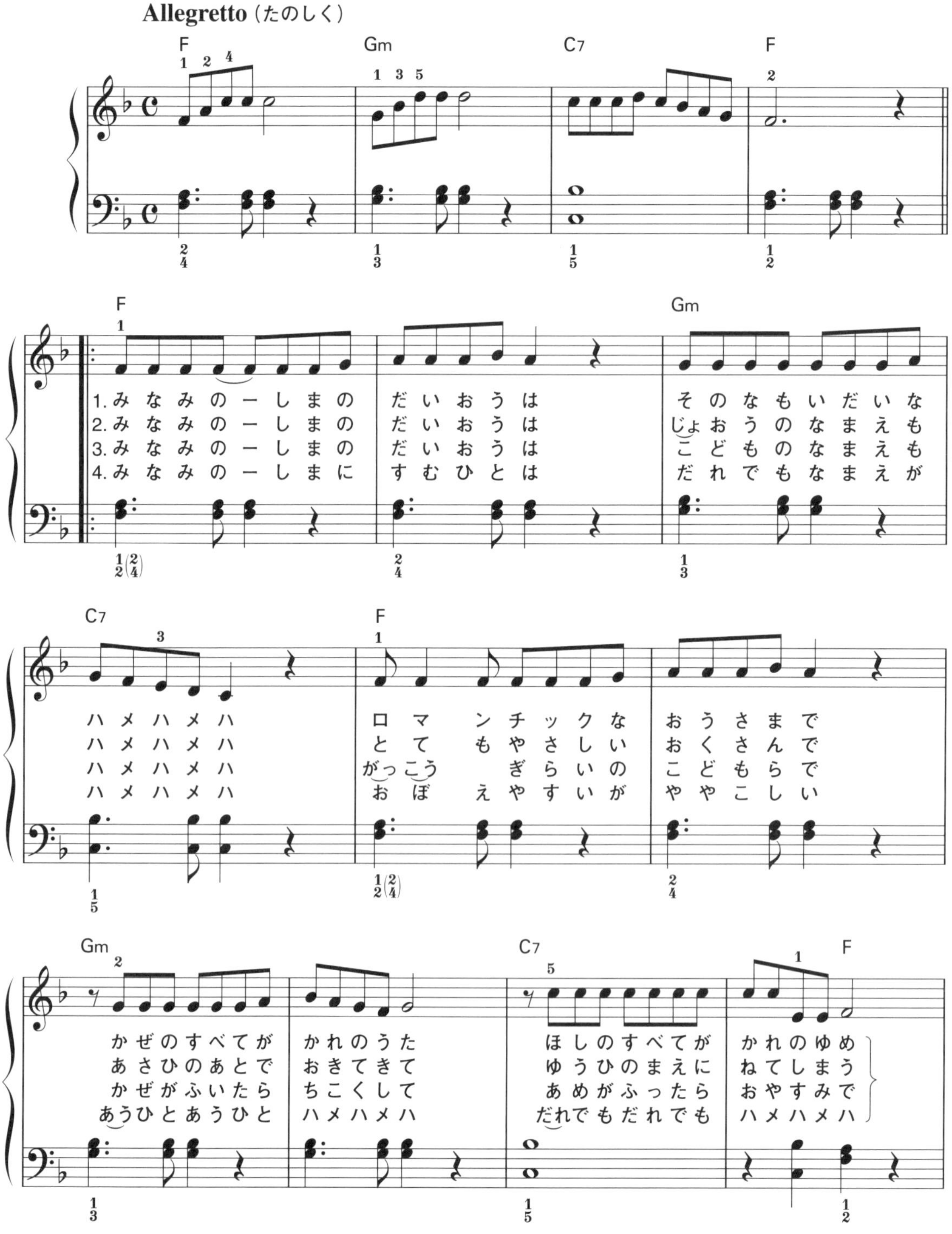
Allegretto（たのしく）
F Gm C7 F
F Gm
1. みなみのーしまの だいおうは そのなもいだいな
2. みなみのーしまの だいおうは じょおうのなまえも
3. みなみのーしまの だいおうは こどものなまえも
4. みなみのーしまに すむひとは だれでもなまえが
C7 F
ハメハメハ ロマンチックな おうさまで
ハメハメハ とてもやさしい おくさんで
ハメハメハ がっこうぎらいの こどもらで
ハメハメハ おぼえやすいが ややこしい
Gm C7 F
かぜのすべてが かれのうた ほしのすべてが かれのゆめ
あさひのあとで おきてきて ゆうひのまえに ねてしまう
かぜがふいたら ちこくして あめがふったら おやすみで
あうひとあうひと ハメハメハ だれでもだれでも ハメハメハ

F Gm to C7 1.2. F
ハ メ ハ メ ハ ハ メ ハ メ ハ ハ メ ハ メ ハ メ ハ メ ハ
3. F
ハ
D.C.
Coda C7 F
ハ メ ハ メ ハ メ ハ メ ハ
F Gm C7 F
ハ メ ハ メ ハ ハ メ ハ メ ハ ハ メ ハ メ ハ メ ハ メ ハ

❗ ラテンのリズムを感じながら楽しく演奏してください。

● コード

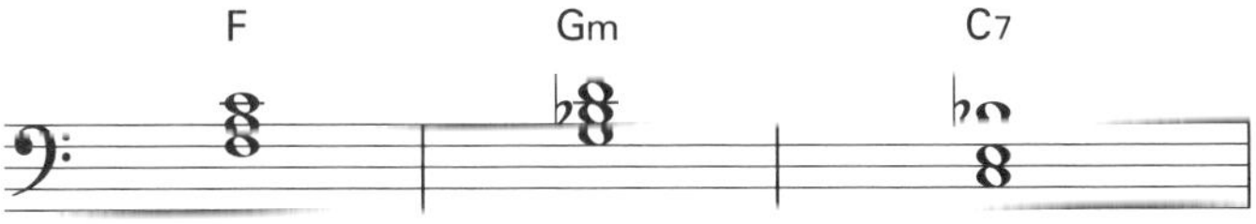
F
Gm
C7

● 伴奏パターン

①
②
③

みんなともだち

作詞／作曲：中川ひろたか

Allegro（ワイワイとにぎやかに）
G
C B♭ C7/E
みんな
F (F♯dim) C A7
ともだち ずっとずっと ともだち がっこう
Dm G7 to ⊕ C C7
いっても ずっとともだ ち みんな
F (F♯dim) C A7
ともだち ずっとずっと ともだち おとなに

Dm G7 C G D G7/B
なっても ずっとともだ ち
C C A7
しらいしゆみこちゃん ん びじんでやーさー しい
しーまーたかきく ん はんそではんズボ ン
Dm G (Gdim) 1. G7
ひらーのゆうすけ くん ちょっぴりエッチだ な
やすーだわかなちゃ ん おえかきじょうずだ
2. G C B♭ C7/E
よ み ん な
D.S.
Coda
C G7 C
ち

● コード

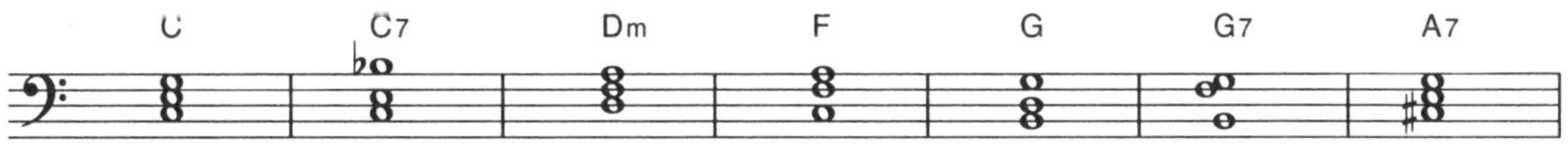
C C7 Dm F G G7 A7

● 伴奏パターン

①
②
③

むすんでひらいて

作詞：文部省唱歌／作曲：ROUSSEAU JEAN JACQUES

Allegretto（たのしく、リズムにのって）
C G7 C
mf
C G C
む す ー ん で ひ ら い ー て
simile
C (A7) Dm G7 C
て を ー うっ て む ー す ん で
Fine
C C7 F C
ま た ひ らい て て を う っ て

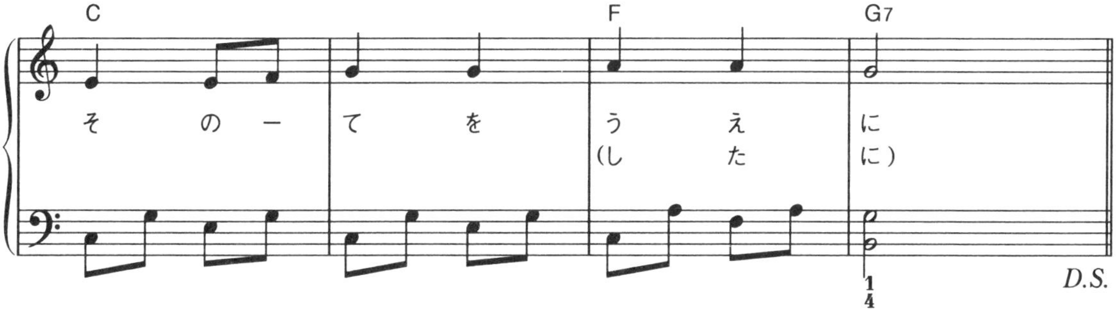

● コード

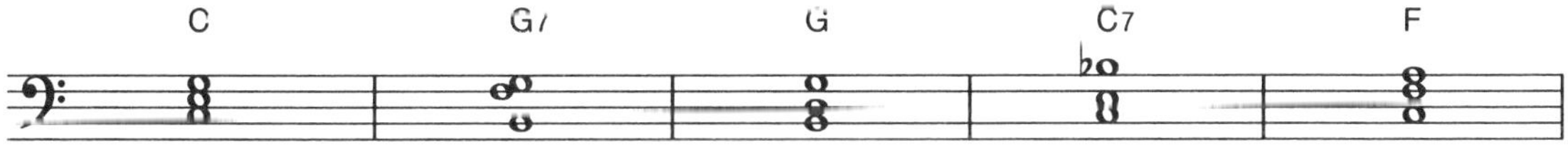

● 伴奏パターン

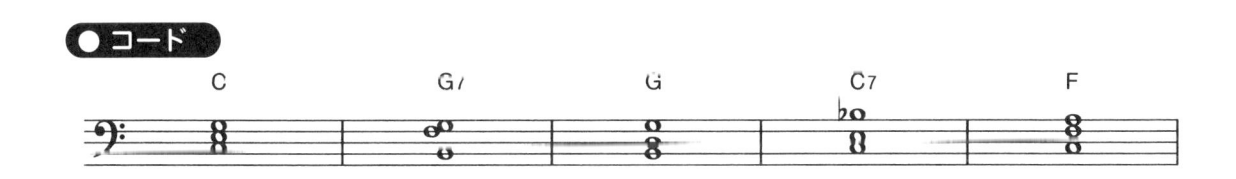

やきいもグーチーパー

作詞：阪田寛夫／作曲：山本直純

♩=124
C F G7 C G7 C
C G7 C
やきいもやきいも おなかがグー ほかほかほかほか あちちのチー たべたらなくなる
(C7) F G7 C (Dm) G7 C
なんにもパー それ やきいもまとめて グーチーパー
x3

●コード

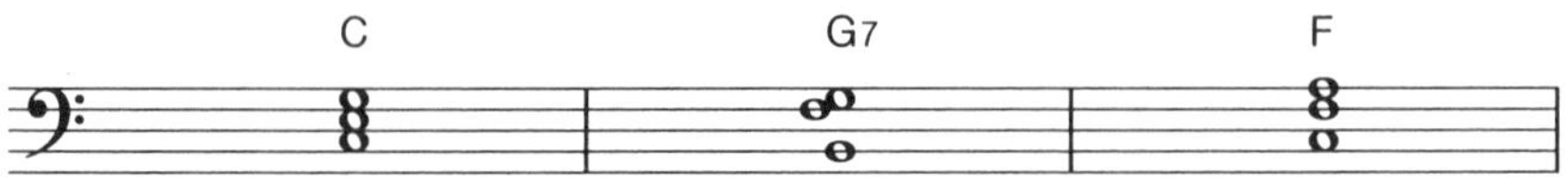

C G7 F

●伴奏パターン

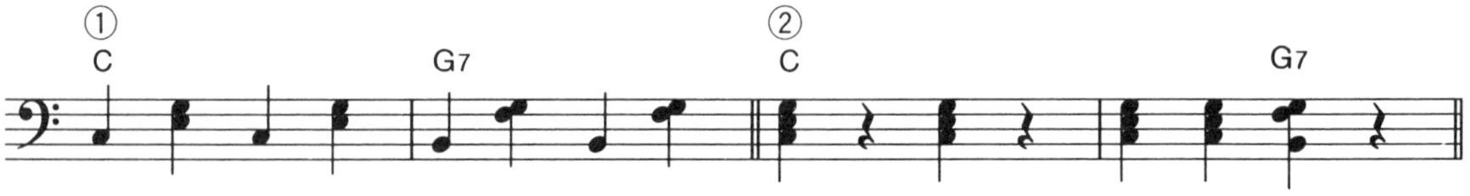

①
C G7
②
C G7

勇気りんりん

作詞：やなせ・たかし／作曲：三木たかし

F G7 F G7
C F G7
1. ゆ う き の す ず が りんりん りんー ふ し ぎ な ぼ う け ん
2. め い け ん チ ー ズ わんわん わんー き も ち が わ る い な
C F
るんるん るんー ア ン パ ン しょ く ぱん カ レー パンー
かびるん るんー あ ま い の だ い す き アン コ ラ ー
Am
ジャム バ タ チ ー ズ だんだん だんー ル ン ル ン
てん て ん どん ど ん てんどん まんー ど こ か ら
ド キ ド キ

F G7 C
かわいいー おむすび まん
きたのかー へんななか ま
させるよー ドキンちゃ ん
Am F G7
ゴシゴシ みがくよー はみがき
ホラホラ はじまるー おおさわ
やさしい かーおのー ジャムおじ
C Am F
まん めだまが らんらんー
ぎ なんなん なんでもー
さん バタバタ はしるよー
G7 C Am
ばいきん まん それいけ
とんちん かん ぼくらの
バタコさ ん みんなが
F G7 to 1. C 2. C
ぼくらのー
ともだちー
だいすきー
アンパン マン マン
D.S.

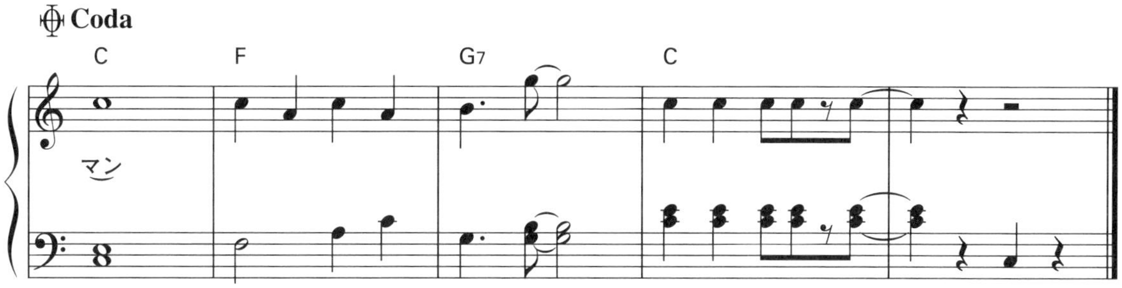

● コード

● 伴奏パターン

やまのおんがくか

作詞：水田詩仙／ドイツ民謡

♩=84
1.わ
たしゃおんがくかや
たしゃおんがくかや
たしゃおんがくかや
たしゃおんがくかや
たしゃおんがくかや
まのこりすじょうずにバイオリンひ
まのうさぎじょうずにピアノをひ
まのことりじょうずにフルートふ
まのたぬきじょうずにたいこをた
まのなかまじょうずにそろえてひ
いてみましょうキュキュキュキュキュキュキュ
いてみましょうポポポロンポロンポロンポポ
いてみましょうピピピピピピピ
いてみましょうポコポンポンポンポコ
いてみましょうタタタタタタタ

D G D
キュ キュ キュ キュ キュ キュ キュ キュ キュ キュ キュ キュ キュ い
ポロン ポロン ポロン ポ ポ ポロン ポロン ポロン ポ ポ ポロン ポロン ポロン い
ピ ピ ピ ピ ピ ピ ピ ピ ピ ピ ピ ピ ピ い
ポン ポン ポン ポ コ ポン ポン ポン ポ コ ポン ポン ポン い
タ タ タ タ タ タ タ タ タ タ タ タ タ い
G D 1.3.4. G 2. G G D
か ー が で す 2.わ
か ー が で す
か ー が で す 4.わ
か ー が で す 5.わ
か ー が で
4 5 1 4
G 5. G G D G
3.わ
す

● コード

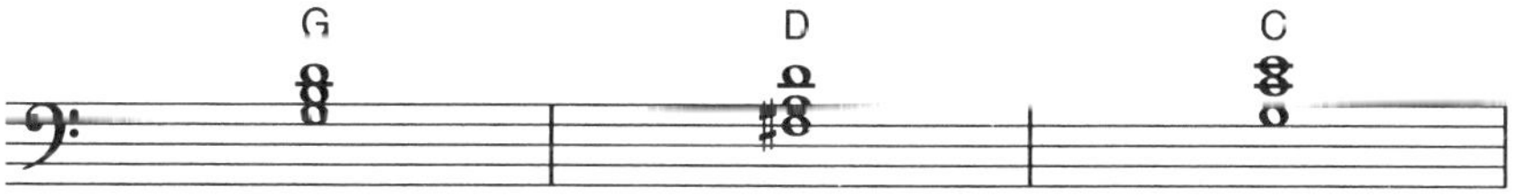
G D C

● 伴奏パターン

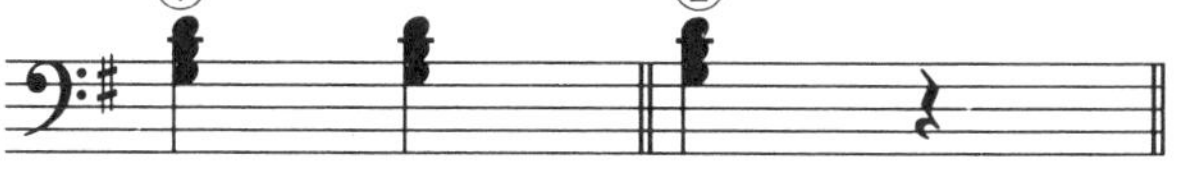
① ②

ゆき

文部省唱歌

♩=106（げんきよく・はずんで）
G7 C
simile
C
ゆーきや こんこ あられや こんこ
ゆーきや こんこ あられや こんこ
simile
C G7
ふっては ふっては ずんずん つもる
ふっても ふっても まだふり やまぬ
C E7 Am
やーまも のはらも わたぼうし かぶり
いーぬは よろこび にわかけ まわり

F C G7 C
か れ き の こ ら ず は な が さ く
ね こ は こ た つ で ま る く な る

G7 C

● コード

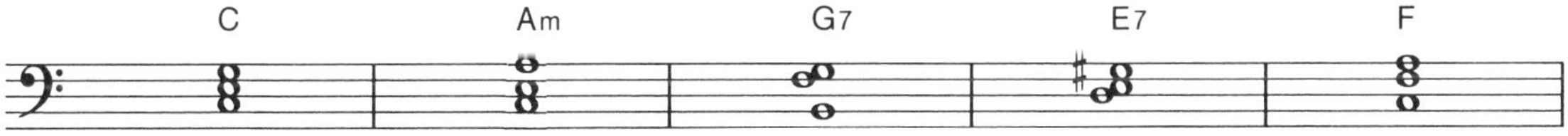
C Am G7 E7 F

● 伴奏パターン

① ② ③

ロンドンばし

作詞：高田三九三／イギリス民謡

Allegretto
C G7 C G7
C G7 C
1. ロン ドンばし が おちる おちる おちる
3. てつ の ぼう は まがる まがる まがる
C G7 C
ロン ドンばし が おちる さあ どう し ま しょう ー
てつ の ぼう は まがる さあ どう し ま しょう ー
C G7 C
2. てつ の ぼう で かける かける かける
4. きん と ぎん で かける かける かける

C G7 C
てつ のぼう で かけ ろ さあ どう し ま しょう ー
きん とぎん で かけ ろ さあ どう し ま しょう ー
1. C G7 C G7
2. C
G7 C G7 C

● コード

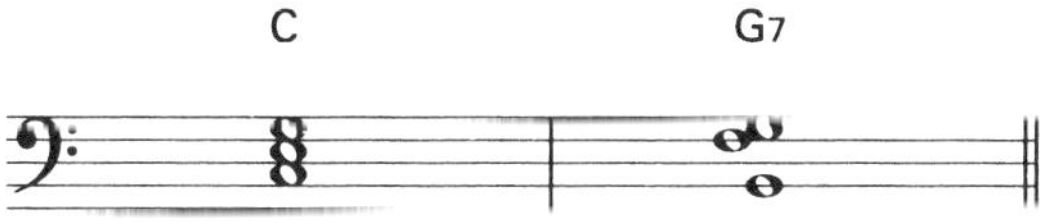
C G7

● 伴奏パターン

①
②
③

■ コード・伴奏パターン（ページに掲載されなかった曲一覧）

●P.44　ありがとうさようなら

●コード

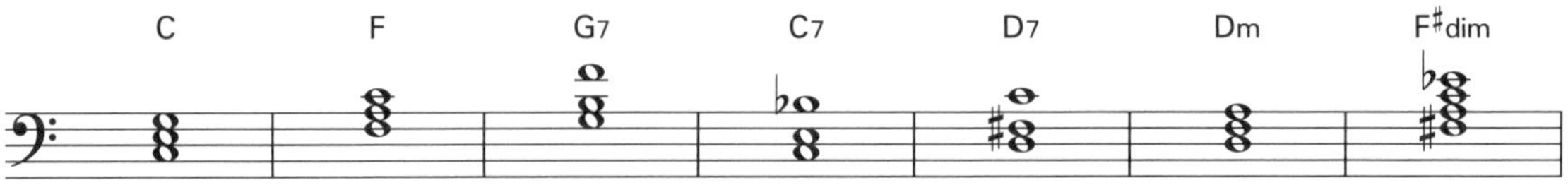
C
F
G7
C7
D7
Dm
F♯dim

●伴奏パターン

①
②
③

●P.64　大きな古時計

●コード

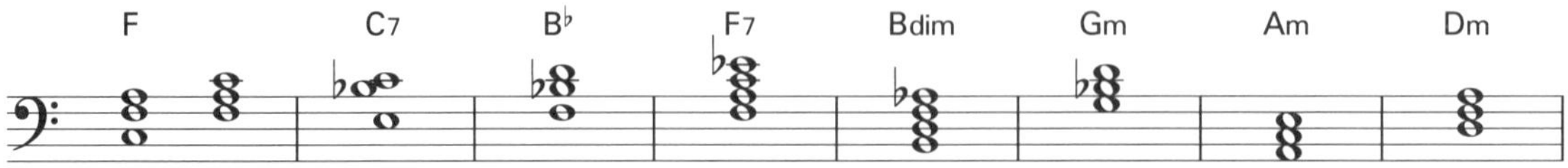
F
C7
B♭
F7
Bdim
Gm
Am
Dm

注：コードの音域は、関係なく書いてあります

●伴奏パターン

①
②
③

●P.102　さんぽ

●コード

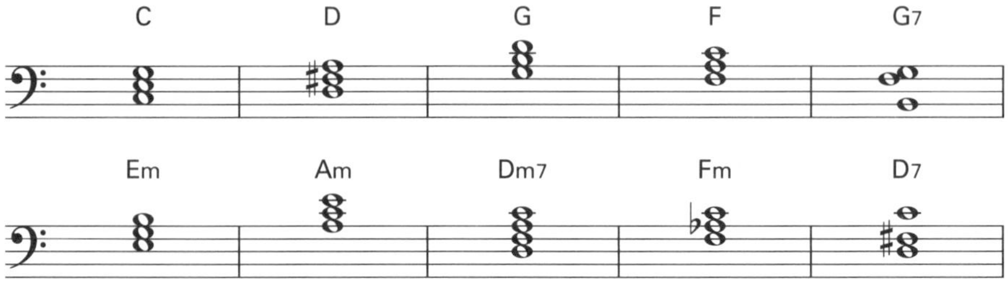
C
D
G
F
G7
Em
Am
Dm7
Fm
D7

●伴奏パターン

①
②
③

●P.124　ドキドキドン！一年生

● コード

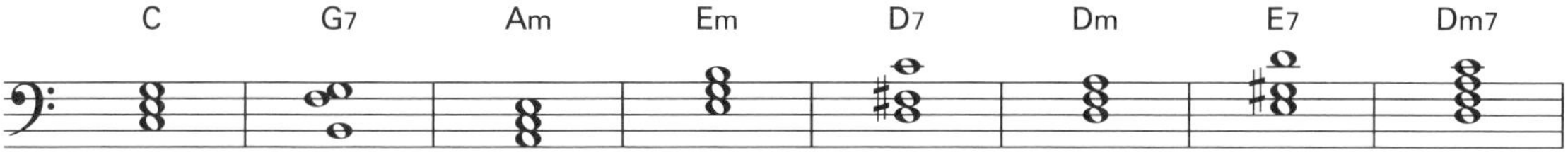
C
G7
Am
Em
D7
Dm
E7
Dm7

● 伴奏パターン

①
②
③

●P.128　となりのトトロ

● コード

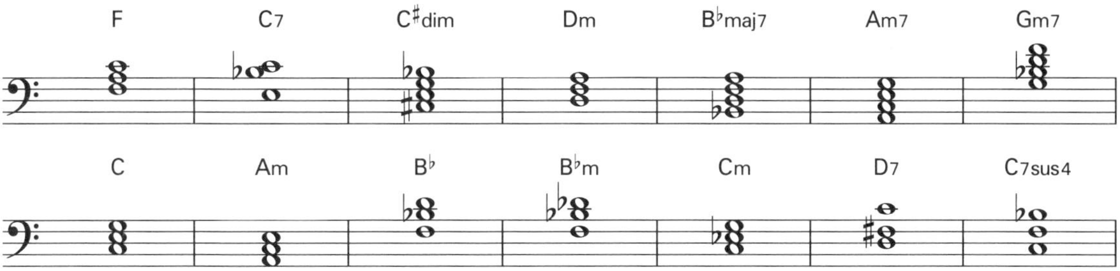
F
C7
C♯dim
Dm
B♭maj7
Am7
Gm7
C
Am
B♭
B♭m
Cm
D7
C7sus4

● 伴奏パターン

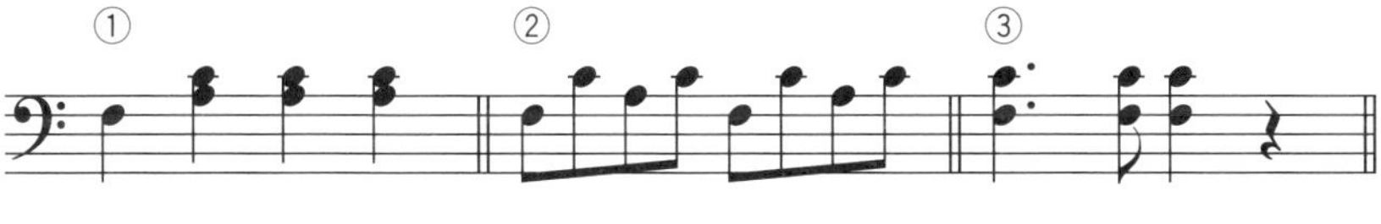
①
②
③

●P.136　ドレミのまほう

● コード

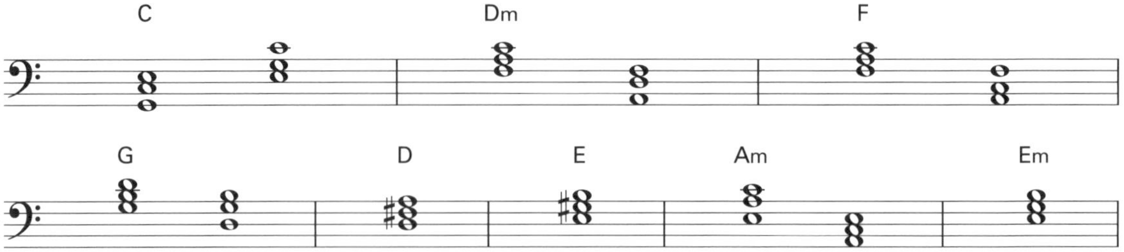

● 伴奏パターン

●P.142　どんないろがすき

● コード

【Em(7)・B(7)】はG、【C/D・C#m(♭5)・Am(7)】はC、【D7/F#】はD、【C・Fm】はA♭、【Dm(♭5)・B♭m(7)】はD♭、【E♭7】はE♭のコードで伴奏してください。

● 伴奏パターン

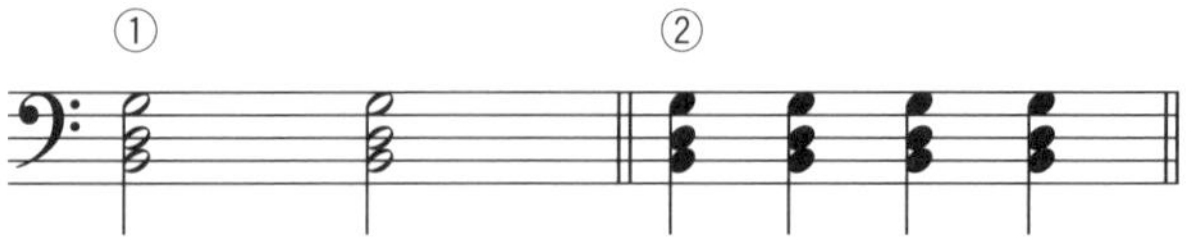

●P.146　にじのむこうに

● コード

【Csus4・Em7/B・Am・Am/G・F#m(♭5)】はC、【Dm/F・Dm(7)・D/F#・E】はF、【G・Gsus4】はG7、【A7/C#】はA7のコードで伴奏してください。

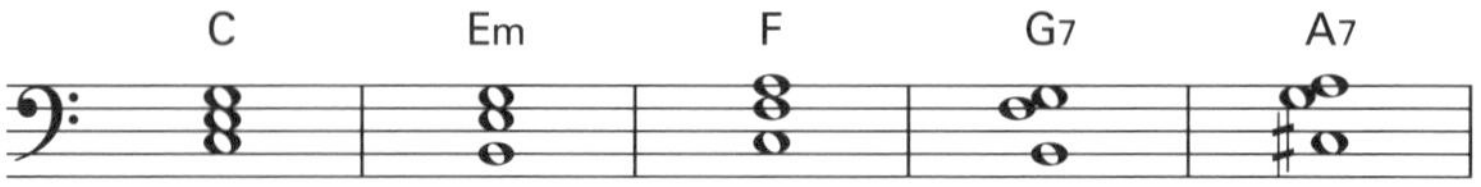

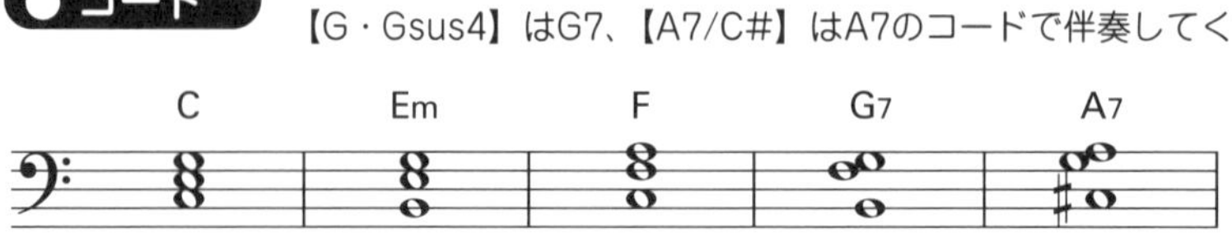

● 伴奏パターン

●P.152　ハッピーチルドレン

●コード

●伴奏パターン

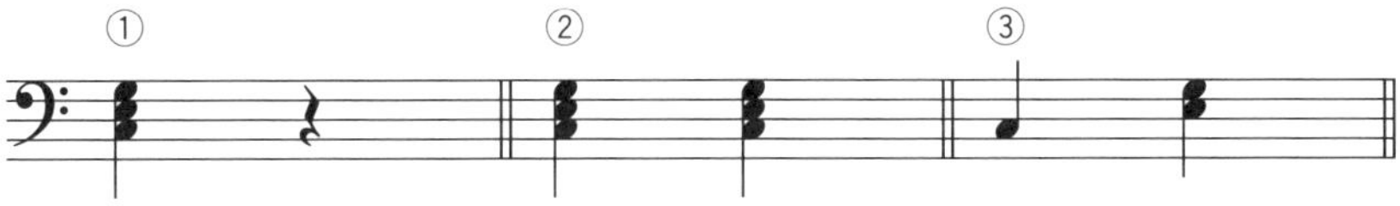

●P.158　ポカポカおひさまありがとう

●コード

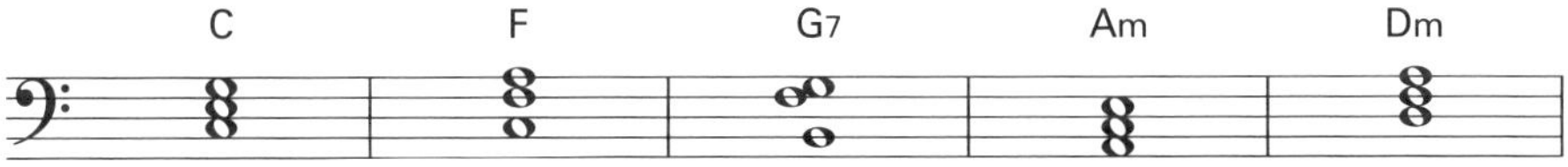

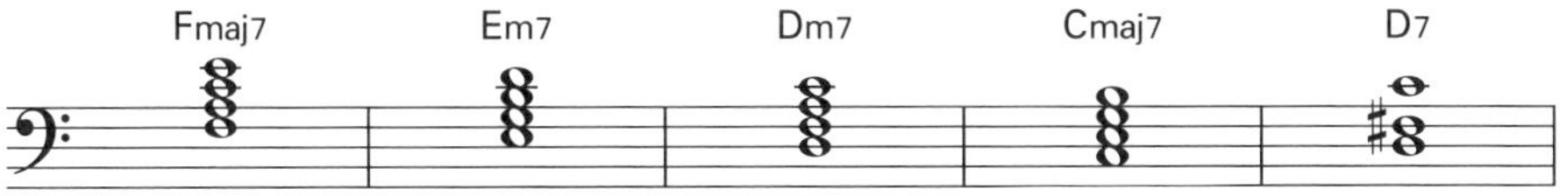

●伴奏パターン

●P.164　ホ！ホ！ホ！

●コード

【Dm・D7・D#dim】はF、【C/E・C/G・Em・G】はG7のコードで伴奏してください。

●伴奏パターン

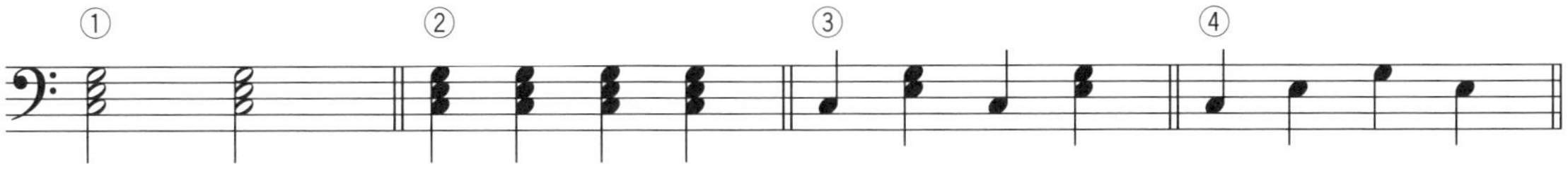

◆ 編著者・アレンジャーについて ◆

長谷川（現・竹渕）久美子（はせがわ くみこ）

ヤマハ音楽院 エレクトーン科 ヴォーカル科 出身。
作詞・作曲を手がけ、自主制作シングル・アルバムを発売。
現在、群馬県伊勢崎市で音楽教室candy☆musicでピアノ、エレクトーン、ドラムの指導を行う。

●本書のアレンジ（ー後の数字は本書ページ数）

崖の上のポニョー4／夢をかなえてドラえもんー7
さよならぼくたちのほいくえん（ようちえん）ー14
世界中のこどもたちがー17／にんげんっていいなー20
ビリーブー22／勇気100%ー32／あめふりー40
ありがとうさようならー44／いちねんせいになったらー52
いぬのおまわりさんー54／うみー56
おおきなくりのきのしたでー62／大きな古時計ー64
おばけなんてないさー78／おもいでのアルバムー82
おもちゃのチャチャチャー84／かえるの合唱ー86
くじらのとけいー92／こいのぼりー96
ごんべさんのあかちゃんー100／さんぽー102
しあわせならてをたたこうー104／しゃぼんだまー106
10人のインディアンー108／ジングルベルー110
たなばたさまー118／たのしいねー120
手をたたきましょうー122／ドキドキドン！一年生ー124
となりのトトロー128／ドレミのまほうー136
はたらくくるま1ー149／ふしぎなポケットー156
ポカポカおひさまありがとうー158／まつぼっくりー168
南の島のハメハメハ大王ー172／むすんでひらいてー176
ゆきー184／ロンドンばしー186
またあしたー166（※串恵津子・共同）
おつかいありさんー70（※小瀬洋子・共同）

串（現・芦田）恵津子（くし えつこ）

コンセントヴァートワール尚美、ヤマハ音楽院 エレクトーン科 出身。
在学中よりポピュラー、ジャズピアノを小泉宏氏に師事。
現在ピアノ演奏、指導者として活動中。

●本書のアレンジ

おしりかじり虫ー10／虫歯建設株式会社ー25
ぼよよん行進曲ー28／あくしゅでこんにちはー38
あわてんぼうのサンタクロースー46／アンパンマンのマーチー48
うれしいひなまつりー58／おしょうがつー66
おなかのへるうたー72／おにのパンツー74／チューリップー77
おへそー80／キャンプだホイー88
げんこつやまのたぬきさんー94／コンコンクシャンのうたー98
すうじのうたー112／そうだったらいいのになー116
とけいのうたー126／ともだちになるためにー132
友だちはいいもんだー134／どんぐりころころー139
とんでったバナナー140／どんないろがすきー142／にじー144
にじのむこうにー146／はじまるよ　はじまるよー148
はをみがきましょうー155／ぼくのミックスジュースー160
ほっかほかのほー162／ホ！ホ！ホ！ー164／まめまきー170
勇気りんりんー179／やまのおんがくかー182
またあしたー166（※長谷川久美子・共同）

※小瀬洋子・共同

アイアイー36／おすもうくまちゃんー68
せんせいとおともだちー114／トマトー131
みんなともだちー174／やきいもグーチーパーー178

小瀬 洋子（こせ ようこ）

ヤマハ音楽院 エレクトーン科 出身
在学中よりポピュラー、ジャズピアノを小泉宏氏に師事。
19歳からブライダルプレイヤーとして活躍。

●本書のアレンジ

あめふりくまのこー42／うんどうかいー60／おかえりのうたー61
おつかいありさんー70（※長谷川久美子・共同）

※串恵津子・共同

アイアイー36／おすもうくまちゃんー68
せんせいとおともだちー114／トマトー131
みんなともだちー174／やきいもグーチーパーー178

◆Thanks to

斉藤真理子さん（本書「きらきら星」(P.90) アレンジ）、乳井裕子さん（本書「ハッピーチルドレン」(P.152)アレンジ）、
中本純子さん、森本博美さん

保育で使える！伴奏付けもできる！ **こどものうた伴奏大全集** ―――― 定価（本体1700円＋税）

編著者―――― 長谷川久美子・串恵津子
表紙デザイン・イラスト―― オングラフィクス
発行日―――― 2008年9月30日　第1刷発行
2024年1月30日　第22刷発行
編集人―――― 真崎利夫
発行人―――― 竹村欣治
発売元―――― 株式会社自由現代社
〒171-0033　東京都豊島区高田 3-10-10-5F
TEL03-5291-6221/FAX03-5291-2886
振替口座 00110-5-45925
ホームページ―――― http://www.j-gendai.co.jp

ISBN978-4-7982-1546-4